CB028931

Stanislávski e o Teatro de Arte de Moscou

Coleção Debates
Dirigida por J. Guinsburg

Equipe de Realização – Revisão: Sandra Martha Dolinsky; Produção:
Ricardo W. Neves, Sergio Kon e Lia Marques

j. guinsburg

STANISLÁVSKI E O TEATRO DE ARTE DE MOSCOU

PERSPECTIVA

Dados Internacionais de Catalogação na Publicação (CIP)
(Câmara Brasileira do Livro, SP, Brasil)

Guinsburg, J.
  Stanislávski e o Teatro de Arte de Moscou : do
realismo externo ao tchekhovismo / J. Guinsburg. —
São Paulo : Perspectiva, 2015. — (Estudos ; 192 /
dirigida por J. Guinsburg)

  3ª reimpr. da 2. ed. de 2001.
  Bibliografia.
  ISBN 978-85-273-0241-8

  1. Stanislávski, Constantin, 1863-1938 -
Crítica e interpretação 2. Teatro - História e
crítica 3. Teatro de Arte de Moscou I. Título.
II. Série.

05-5191   CDD-809.2

Índices para catálogo sistemático:
1. Teatro : História e crítica 809.2

2ª edição – 3ª reimpressão

Direitos reservados à

EDITORA PERSPECTIVA S.A.

Av. Brigadeiro Luís Antônio, 3025
01401-000 São Paulo SP Brasil
Telefax: (11) 3885-8388
www.editoraperspectiva.com.br

2015

Para Gita

À memória de Regina

Este trabalho muito deve ao estímulo e às sugestões de Sábato Antônio Magaldi e Boris Schnaiderman, bem como à leitura crítica e às correções de João Alexandre Barbosa, Célia Berrettini e Décio de Almeida Prado. A todos eles, que o examinaram como tese de Livre-Docência junto à Escola de Comunicações e Artes da USP, a Nanci Fernandes e a Celso Lafer, por sua colaboração amiga, os meus agradecimentos.

A cortina do TAM com as ondas estilizadas e as gaivotas no centro.

SUMÁRIO

INTRODUÇÃO

À primeira vista não me parece que haja necessidade de justificar longamente o interesse que pode existir, para os estudos teatrais, numa tentativa de desenvolver um trabalho sobre Stanislávski, mesmo num contexto cultural e numa fase da evolução bastante distantes daqueles que deram origem a suas indagações artísticas e a seu teatro. É ponto pacífico hoje em dia, para quem quer que se ocupe de algum modo com a arte dramática e a contribuição de seus principais promotores, que Konstantin Serguêievitch Alexêiev se encontra na raiz de algumas etapas, processos e realizações basilares no teatro do século XX. Até certo ponto, poder-se-ia dizer que, se cabe pensar a história da cena moderna como um movimento que se define pró ou contra as idéias e a prática stanislavskianas, é absolutamente impossível pensá-las sem a sua presença.

Assim, entendo que os reflexos desta ação se fizeram sentir no conjunto do processo que nas sucessivas décadas do século XX, e talvez um pouco antes, desde os Meininger e Antoine, vem mudando a face – aparência – e o sentido – a essência daquilo que se chama representação teatral. Com Stanislávski, essa arte ganhou forte impulso no rumo que lhe daria um *status* próprio. Se bem que sejam da maior importância, nesse particular, as obras de Gordon Craig, Appia, Fuchs, Reinhardt, Meierhold, Copeau, Artaud, Brecht, Grotóvski, não é menos verdade que as definições estéticas e éticas stanislavskianas desempenharam um papel nodal nessa cristalização e nas concepções e correntes que dela brotaram e que continuam atuando com plenitude, e é fácil constatá-lo, na teatralidade atual.

Por isso mesmo, a carreira de Stanislávski e as conquistas do Teatro de Arte de Moscou, e mais particularmente o momento em que um e outro alcançaram, enquanto arte do ator e da montagem, o *modus faciendi* de um certo estilo de representação e uma dramaturgia, têm uma significação que não fica abrangida e coberta apenas por designações e conceitos estético-críticos como realismo e naturalismo, quarta parede, mimese exterior e interior. E, ainda que não compreendam marcantemente, em seu universo, referências e representações opostas, como seriam as de simbolismo e formalismo cênicos, teatro da convenção, abertura para o público, cena de imaginação e outras a elas aparentadas no tipo de teatralidade que expressam, são fatores relevantes na elaboração histórica e artística que as materializaram como um fazer teatral na arte cênica de nosso século.

Se isso for verdade, compreende-se que a avaliação de uma estética teatral contrária, como a de Meierhold, por exemplo, que se propôs a "reteatralizar o teatro" no âmbito russo, mas teve relações obrigatórias com o contexto global desse movimento no Ocidente, dependa também de uma visão adequada da contribuição de Stanislávski e seus parceiros do TAM para as formulações que, a partir deles, embora em oposição a eles, passaram a articular-se e a exprimir-se no palco dramático.

Não foi por outro motivo – e na medida em que tenho no meu horizonte de trabalho, como um projeto a ser desenvolvido a seguir, uma análise do processo de "reteatralização" e em particular da obra teatral de Meierhold – que procurei neste estudo prévio captar em tela ampla, com a independência e relevância que o meu objeto específico parece exigir, a etapa imediatamente anterior ao "teatro da convenção".

Trata-se da fase constituída pelo surgimento e definição do "tchekhovismo", a partir do naturalismo externo, no quadro da companhia de Konstantin Alexêiev e Vladímir Nemírovitch--Dântchenko.

Até onde consegui o meu desígnio, dando conta das concepções e tendências envolvidas no processo, das criações daí resultantes como expressões individuais e grupais, é algo que não sei dizer. Mas devo confessar que não foi outro o meu propósito.

A esta altura, tendo assinalado suficientemente o fato de que o presente trabalho nasceu de meu interesse pelo movimento teatral do século XX em conjunto, convém acrescentar que nem por isso eu o vejo como desligado da perspectiva cênica brasileira e do universo artístico que ela tem de enfocar. Muito pelo contrário. Ao que me parece, o tema guarda um vínculo bastante profundo com o nosso teatro, sobretudo com o desenvolvimento de que este foi palco na sua chamada fase "moderna".

Digo-o não somente a partir da íntima relação da cena no Brasil com a da Europa em geral. Creio ser fora de propósito particularizar aqui as conexões e trocas, diretas e indiretas; corri a arte cênica de *Os Comediantes*, de Ziembinski, Turkov, do TBC e, mais especialmente, através do Group Teatre e do Actors' Studio nova-iorquinos, com Augusto Boal e o Teatro de Arena, e, de Eugênio Kusnet, com José Celso Martinez e o Teatro Oficina.

Mas nem a função desempenhada pelas idéias e pelo método preconizados por Stanislávski, nem o interesse suscitado por suas realizações se esgotam aí, no que tange ao palco nacional. O atual momento cênico e as escolas de teatro, para não mencionar o movimento de amadores, grupos paralelos, críticos e estudiosos da arte dramática, continuam mais do que nunca invocando contra e a favor (sob muitas máscaras) a lição stanislavskiana, seja em termos históricos, seja metodológicos, a fim de discutir e encenar o teatro que pretendem ou conseguem concretizar. Trata-se, quero acreditar, de algo palpável, mesmo para quem esteja envolvido com o fenômeno teatral apenas pelo lado teórico.

Ainda assim, mais do que esse momento brasileiro da difusão e atuação da proposta do mestre do TAM, a análise que se lerá, calcada numa abordagem integrativa histórico-estética, visou basicamente – cumpre-me reafirmá-lo à guisa de conclusão – a surpreender *in nuce* os elementos da teatralidade stanislavskiana. Isto é: no seu surgir e individualizar-se, com a dramaturgia de Tchékhov, para a cena russa e mundial, como um conjunto pensado e uma práxis efetivada em orgânica inter-relação, não só com o teatro que o antecedeu, mas também, e principalmente, na perspectiva de hoje, com o que o sucedeu...

STANISLÁVSKI E O TEATRO DE ARTE DE MOSCOU: DO REALISMO EXTERNO AO TCHEKHOVISMO

No teatro russo, o descontentamento com a artificialidade e o convencionalismo no repertório e na cenografia, bem como a idéia de que a interpretação e a apresentação correntes não mais correspondiam aos reclamos das verdadeiras forças da criatividade artística, juntaram-se, no fim do século XIX, aos estímulos provenientes do movimento teatral no Ocidente. De fato, os Meininger, o Théâtre Libre de Antoine e as experiências da Freie Bühne de Otto Bralim, em seu empenho para recriar em cena, com precisão por assim dizer científica, a realidade histórica, social e psicológica que a dramaturgia naturalista se propunha a recortar com o bisturi positivista e a oferecê-la como *tranche de vie*, começava a criar efetivamente não só uma nova tendência estilística, mas uma nova realidade cênica.

Não se tratava apenas da linguagem naturalista no texto e na representação. Na verdade, a *tranche de vie*, o documento humano e a tese sobre a sociedade suscitavam um tipo de espetáculo que, pelos cuidados programáticos com a reprodução veraz, pelas pesquisas sociológicas, museológicas e artísticas que envolvia e pelos recursos técnicos e aparelhagem teatral que mobilizava, impunha uma reorganização profunda no trabalho do teatro, passando este a girar crescentemente em torno da direção como fulcro operacional e estético da obra cênica. Era o teatro do diretor e da *mise en scène*, dando os primeiros passos no caminho que, mais tarde, depois do simbolismo, e graças a ele em boa parte, levaria ao teatro teatral.

Mas a plena eclosão da estética da "teatralidade", ou de sua "poética", é algo que pertence a uma fase ulterior do desenvolvimento aqui focalizado. Por ora, entretanto, as sugestões que as buscas e experimentos naturalistas traziam, somados aos efeitos da revogação do monopólio teatral detido pelos palcos imperiais e ao ingresso na atividade cênica de atores formados nas escolas de arte dramática estabelecidas a partir do início da década de 1880, já se constituíam em fatores suficientes no preparo do terreno onde iria frutificar a renovação artística do teatro na Rússia.

Nesse sentido, um papel mais direto do que o de Antoine e de Otto Brahm, cuja irradiação imediata chegou apenas a círculos restritos, talvez tenha cabido à *troupe* do Duque Jorge de Saxe Meiningen (1826-1914). Estudioso da história e da arte antiga, desenhista e entusiasta apaixonado pelo teatro, concebeu o projeto de remodelar as bases vigentes na organização, interpretação e encenação teatrais. Para tanto, fundou em Meiningen, capital de seu ducado turíngio, em 1870, uma companhia permanente, cuja atividade artística supervisionou pessoalmente, com a colaboração do poeta Bodenstedt, do regente Hans von Bülow, da Baronesa von Heldburg (a atriz Ellen Franz, esposa morganática do Duque) e, sobretudo, do diretor-intendente Ludwig Chronegk (1837-1891), "o primeiro de nossos modernos *régisseurs*", no dizer de Denis Bablet[1].

---

1. *Le Décor de Théâtre*, p. 48. No entanto, embora destacando o trabalho de Chronegk como ensaiador e organizador, Max Grube, um ator e diretor alemão que participou do elenco dos Meininger, coloca toda a ênfase criativa e artística na pessoa do próprio Duque, de quem

Encenador, talentoso, exigente e intransigente, foi o exemplo acabado do "teatrocrata" na Europa da época. Fora do teatro suas relações com os atores e até com os mais humildes membros do conjunto eram cordialíssimas. Mas a partir do momento em que subia à banqueta de direção, empunhando a famosa sineta, e tão logo o ponteiro do relógio assinalava a hora do ensaio, a ordem *Anfangen!* (Começar!) submetia tudo à mais rígida disciplina. Sob esta mão de ferro, os Meininger tornaram-se famosos internacionalmente pela escrupulosa encenação de um repertório centrado na História, pelo modo de compor a participação individual e coletiva dos intérpretes e pelas técnicas cênicas.

Para o Duque de Meiningen e para Chronegk uma peça era um todo artístico, cuja tradução no palco devia obedecer ao poder unificador de alguém que a dirigisse e a quem o elenco tinha de submeter-se para desempenhar-se devidamente na obra comum. Consideravam, ainda, que os papéis precisavam ser entendidos como personagens vivas, e que tudo quanto formasse a parte visual do espetáculo devia receber tratamento minucioso. Usavam cortinas e telões pintados, recorrendo mesmo a elementos tridimensionais, e desenvolveram a iluminação cênica, projetada de lado – e não da ribalta – por bicos de gás, mesclando-os, mais tarde, com arcos voltaicos. Mas o que impressionava especialmente na companhia dos Meininger era o realismo histórico e mesmo etnográfico que fazia de cada peça uma obra significativa de reconstituição ambiental e de cada montagem uma execução cuidadosamente planificada pelo diretor-encenador, ou seja, a dupla Meiningen-Chronegk. Aquele teatro turíngio constituía, escreve Stanislávski, "uma nova fórmula da *mise en scène*: exatidão histórica, movimentos de multidão, excelente apresentação do espetáculo, maravilhosa disciplina, toda a disposição de uma solenidade artística..."[2].

Chronegk seria uma espécie de lugar-tenente e *factotum*. Ver *Geschichte der Meninger*, trad. inglesa.

2.   *Ma Vie dans l'art*, trad. de Nina Gourfinkel e Léon Chancerel, p. 91. A versão em língua inglesa feita a partir da edição russa apresenta um texto algo diferente; v. *My Life in Art*, trad. de G. Ivanov-Mumjiev, p. 156. *Minha Vida na Arte*, trad. de Esther Mesquita.

Além dos Meininger, o processo renovador foi também incentivado pela contribuição de Sava Mamôntov, um construtor de ferrovias e milionário, que, apaixonado pela arte do teatro, levava espetáculos em sua grande mansão moscovita. Artisticamente dotado, não se limitou ao papel de patrono e anfitrião das artes, cultivando-as ele próprio na qualidade de dramaturgo, cantor e cenógrafo. Interessado no desenvolvimento de uma arte nacional russa, encontrou no gênero operístico – graças à obra musical dos Cinco: Balakirev, Cui, Borodin, Mussórgski, Rímski-Korsakov, que se desdobrou a partir de 1860 – um campo particularmente propício para fundir suas aspirações e habilidades em realizações originais. Noventa obras estrangeiras e quarenta e três russas, entre as quais *A Donzela de Neve* e *Sadko*, de Rímski-Korsakov, *Príncipe Igor*, de Borodin, e *Bóris Gudonov*, de Mussórgski, foram parte do importante repertório dessa "Ópera Privada", no rol de cujos intérpretes e cantores se inscreviam artistas do porte de um Chaliapin.

Mamôntov dispensava extremo cuidado aos cenários de suas apresentações, e foi especialmente por seu intermédio que os jovens expoentes da escola impressionista e, futuramente, do círculo do *Mundo da Arte*, como Golovin e outros, subiram ao tablado teatral. Nessas condições, não é de admirar que suas encenações de óperas atraíssem também a atenção pelo impacto de um inusitado requinte plástico, indicando que o diretor moderno, ao conjugar sua atuação com a do pintor, arquiteto e costureiro, podia compor espetáculos de grande fascínio visual, sem que isso viesse necessariamente em detrimento da expressão dramática ou musical, nem da vibração emocional e estética da obra. Essa lição fez-se sentir em breve nos Teatros Imperiais, principalmente, que começaram a convidar pintores, em vez dos costumeiros "decoradores", para imprimir sua visão criativa nos cenários das óperas e balés, ao mesmo tempo que passaram a cercar de crescente zelo histórico e folclorístico as vestimentas, objetos e aprestos em cena.

O interesse e as realizações artísticas de Mamôntov não constituíam, todavia, um caso isolado no ambiente da alta burguesia moscovita do fim do século XIX. Nesses círculos, sucediam-se então contribuições de relevo para o progresso cultural e artístico da nação russa. Assim, havia os mecenas que, por amor à pintura, reuniram notáveis coleções de quadros, como Pavel Tretiakov, com obras pictóricas em geral, ou Serguêi Schukin, com telas impressionistas ou pós-impressionistas; ou que, por gosto pelo teatro, protegeram iniciativas das mais diversas nos domínios da arte dramática, como Sava Morozov, personalidade notável que financiou e estabilizou a vida econômica do Teatro de Arte de Moscou, e Alexêi Bakhruschin, que fundou o primeiro museu russo dedicado à arte teatral; ou que, por interesse pelos livros e pela literatura, ampararam a edição de obras valiosas, como Konstantin Soldatenkov e outros.

Muitos desses homens pertenciam ao círculo de amizades de Serguêi Vladímirovich Alexêiev, um rico industrial têxtil. Casado com Ielisaveta Vassilievna Iakovleva, filha de uma atriz francesa da comédia ligeira, Marie Varlet, foi pai de dez filhos, entre os quais o segundo, Konstantin Alexêiev (1863-1939), que se tornou mundialmente conhecido como intérprete e diretor sob o nome artístico de Stanislávski.

As artes, e sobretudo o teatro, sempre estiveram presentes na casa dos Alexêiev. Seja porque o seu "cultivo" era um valor aristocratizante nas camadas superiores da burguesia russa de então, seja porque a avó comediante, inclusive do teatro francês de S. Petersburgo, mesclara ao sangue da família o seu amor pelo palco, que se manifestou vivamente em quase todos os netos, o fato é que a música, a ópera, o circo, o balé e o jogo dramático faziam parte do repertório das ocupações e preocupações familiares, quer como refinamento, ao lado da educação formal, quer como divertimento. Na verdade, pode-se dizer que reinava ali o "prazer do teatro".

Desde muito cedo, narra Stanislávski em *Minha Vida na Arte*, o teatro como palco de metamorfose dos seres e das coisas o fascinava. Muitos de seus jogos de criança eram tentativas de apresentar ou imitar números de bailado e circo. Menino de escola, organizou um teatrinho de bonecos onde reproduzia cenas de óperas e balés a que assistia. Quando renunciou, ainda adolescente, a essas brincadeiras teatrais, foi para interessar-se por representações efetivas de grupos de amadores.

Esse passo, que marcaria o destino de Stanislávski em muitos aspectos, ele o deu por influência de um estudante que era seu professor e que foi o primeiro a perceber o talento de Konstantin para o palco, despertando nele o amor pela arte do drama. Lvov, como se chamava o mencionado preceptor, levou seu pupilo para assistir às apresentações do elenco amador formado por ele próprio e seus amigos. Com isso esteve na origem de dois outros fatos importantes na evolução do futuro renovador do teatro russo. Na verdade, se o grupo de teatro de Lvov era dos mais medíocres, sendo a maioria de seus componentes genuínos canastrões, um desses amadores, um acadêmico de Medicina chamado Markov[3], parecia dotado de talento. Seu desempenho causou profunda impressão em Alexêiev, a tal ponto que, mais tarde, quando começou a aparecer regularmente em cena como intérprete amador, adotou o nome artístico deste ator de outro modo obscuro, que, como ele, era um admirador entusiasta da bailarina Stanislávskaia. A segunda conseqüência marcante da relação com Lvov foi que, sob sua direção, se organizou a primeira representação amadorística na casa de campo dos Alexêiev, em Liubimovka. O pai de Konstantin mandara construir ali um pequeno teatro para a diversão dos filhos, e nesse cenário, que teria uma função de tanto relevo no que em breve seria conhecido como o Círculo Alexêiev, Stanislávski estreou no dia 5 de setembro de 1877. O programa, do qual participou quase toda a família, inclusive o pai, compunha-se de quatro peças cômicas: *A Dama de Província*, de Turguêniev, *Qual dos Dois*, *O Velho Matemático* e *Uma Chávena de Chá*. Nas duas últimas, Stanislávski representou com grande sucesso, pelo que afirma uma de suas irmãs, Ana, mas ele próprio ficou descontente com esse desempenho, segundo registra a sua autobiografia.

3. Mais tarde, Markov casou-se com Maria Alexandrovna Samarova, uma das atrizes de Stanislávski na Sociedade de Arte e Literatura e no Teatro de Arte de Moscou.

Nos anos subseqüentes, a família de aficionados continuou a apresentar espetáculos teatrais, sobretudo comédias e farsas, e numa delas, *A Poção de Amor*, Stanislávski alcançou seu primeiro grande êxito de ator, ao interpretar um barbeiro versejador, ao mesmo tempo que dava, enquanto encenador, a primeira direção pessoal, sem ajuda de ninguém, e também, no dizer de sua irmã Zina, a primeira montagem efetiva e séria do Círculo Alexêiev. A essa altura, tendo abandonado os estudos regulares, passou a trabalhar na empresa do pai por vontade própria e lá permaneceu por mais de trinta anos, posteriormente como diretor da firma, dividindo o seu tempo entre os negócios e o teatro.

No mesmo ano de 1888 em que, após um processo de desintegração iniciado em 1887 com o casamento e a deserção de vários membros do Círculo Alexêiev, o pano caía sobre as atividades do elenco familial com a comédia musical *Lili*, Stanislávski fundou a Sociedade de Arte e Literatura.

Nesse período tomava lições de canto lírico com um conhecido tenor, Theodor Komissarjêvski, e de interpretação, com a grande atriz do Teatro Máli de Moscou, Glikéria Fedótova; dedicava-se também ao balé, além de continuar praticando o teatro em grupo de amadores. Em função de tais interesses e das discussões que mantinha nessas rodas com homens como o Conde Fiódor L. Sollogub, artista plástico, poeta e esteta e Alexander Fedótov, ator, encenador de talento e dramaturgo, concebeu o projeto de reunir, num "clube sem jogo de cartas", amadores, atores profissionais e artistas em geral. O objetivo era o de incentivar as aptidões e preocupações artísticas e intelectuais do corpo de associados, organizando espetáculos teatrais, exposições, saraus musicais e literários, comemorações e jubileus de escritores, músicos e comediantes. Para tanto, foram previstas três áreas principais de promoção: música, a cargo de Komissarjévski; artes plásticas, sob a responsabilidade de Sollogub; e seção dramática, sob a direção de Fedótov.

Aí, em dois anos de atividade, Alexêiev recebeu de Fedótov, sobretudo, ensinamentos de teatro que lhe permitiram livrar-se de convenções operísticas e insuficiências amadorísticas no desempenho. Autocontrole, ocultamento da emoção interna através de aparência calma, expressão facial e jogo de olhos, revelação de sentimentos refreados e paixões que se libertam em momento de clímax são alguns dos elementos da arte do ator que Stanislávski começou a aprofundar em suas interpretações em *O Cavaleiro Avaro* de Púschkin, *George Dandin* de Molière, *Dura Sorte* de Pissemski, *O Convidado de Pedra* de Púschkin e *Cabala e Amor* de Schiller.

Nessa última peça, fazia o papel de Ferdinand, e Maria Lilina, uma jovem professora que conhecera alguns meses antes, o de Luísa. E, como conta o próprio Stanislávski, "parece que estávamos enamorados um do outro sem que nós mesmos o soubéssemos. Mas o auditório nos falou a esse respeito. Nós nos beijávamos de maneira muito natural e o nosso segredo se revelou a partir do palco"[4]. Pouco depois, no verão de 1889, eles se casaram, mas o teatro principal de suas vidas continuou sendo a vida no teatro.

Bem menos feliz foi a experiência da Sociedade de Arte e Literatura, pelo menos na escala em que fora originalmente concebida. Fedótov e Komissarjévski desentenderam-se, o que provocou a demissão do primeiro. Komissarjévski, por seu turno, safou-se logo a seguir do barco que parecia soçobrar. Ao fim, além de um pesado déficit financeiro, restou apenas a seção teatral do clube. Stanislávski assumiu a responsabilidade por ambos. Cobriu pessoalmente as dívidas e passou a supervisionar o grupo dramático. Obrigado a abandonar em 1890 a sede da Sociedade, conseguiu no ano seguinte firmar um acordo com os novos locatários, o Clube dos Caçadores, pelo qual devia apresentar-lhes uma peça por semana.

Com o auxílio de Fedótova e de outros atores experimentados do Teatro Máli, o elenco montou *A Noiva Pobre* (1890), *Não Viva para Comprazer-se* (1890), ambas de Ostróvski, *O Rublo* (1890), de Fedótov, entre outros textos. Se nessas peças Stanislávski enriqueceu a qualidade de seu desempenho a ponto de chegar a conhecer na adaptação teatral do romance

4. *My Life in Art*, p. 142.

Stanislávski no papel de Dom Juan e Alexander Fedótov no de Leporello em O Convidado de Pedra, *de Púschkin, 1889.*

O Círculo Alexêiev. Um ensaio.

Stanislávski no papel de Nanki-Pu e sua irmã Ana Schteker como Yum-Yum, na peça O Micado, *de Sullivan, 1887.*

Stanislávski como Ferdinand e Maria Lilina como Luísa em Cabala e Amor, *de Schiller, 1889.*

Konstantin Stanislávski, 1890.

Stanislávski fazendo Otelo e Khristofor Petrossian no desempenho de Iago, 1896.

de Dostoiévski, *A Aldeia de Stepantchikovo e Seus Habitantes* (1891), "as efetivas alegrias de um verdadeiro ator e criador", como ele mesmo confessa[5], em *Frutos da Instrução* (1891) de Lev. Tolstói, "aprendeu a fazer *mises en scènes* que revelassem a semente interior da peça"[6] e seu talento de diretor efetuou uma primeira aparição independente e nítida. O êxito da apresentação, repetida várias vezes, não só melhorou a situação da Sociedade de Arte e Literatura, como chamou a atenção do público moscovita para um grupo de intérpretes que, nas palavras de um dos críticos da época, "poderia formar um teatro capaz de elevar o nível moral e mental da sociedade russa, isto é, de perseguir as verdadeiras metas da arte dramática"[7].

Assim, com uma soma de experiências mais cristalizadas e apoiado num conjunto promissor de intérpretes, entre os quais Maria Lilina, sua esposa, Samarova, Lujski, Artiom, Sanin, Alexandrov, atores que estavam dispostos a segui-lo em suas buscas na arte cênica e que por isso mesmo brilhariam com ele no Teatro de Arte, Stanislávski desenvolveu na década de 1890 e, mais especialmente, a partir de 1894[8], uma série de encenações que, embora não ocultassem a influência marcante dos Meininger na direção dos atores e na visão cenográfica, já traziam o selo de um espírito inovador, preocupado em encontrar formas teatrais mais consentâneas com a representação da vida, mais orgânicas em relação ao contexto humano, social, histórico e psicológico configurado no microcosmo dramático e cênico. Aliás, essa atração transparece até mesmo na fase que o próprio Stanislávski chamou de "adolescência" teatral, quando o Círculo Alexêiev se entretinha montando operetas e *vaudevilles*. A propósito de *O Micado*, levado à cena em 1887 sob a direção de Vladímir Alexêiev, o autor de *Minha Vida na Arte* observa: "Como diretor de cena, ajudei meu irmão mais velho a descobrir um novo tom e estilo de encenação"[9].

---

5. *Idem*, p. 167.
6. *Idem*, p. 165.
7. D. Margarshack, *Stanislávsky*, p. 79.
8. Stanislávski, *op. cit.*, p. 98.
9. *Op. cit.*, p. 98.

A título de exemplo significativo de um padrão de trabalho e pesquisa que será não apenas mantido, porém aprofundado nos anos posteriores, quando Konstantin Alexêiev atingir a maturidade e a plena consciência de sua arte, vale a pena reproduzir a página em que descreve como foi preparado o referido espetáculo:

[...] Durante todo o inverno nossa casa parecia um recanto japonês. Uma família de acrobatas japoneses, que atuava num circo, permaneceu conosco dia e noite. Era gente muito decente e nos foi de grande ajuda. Ensinaram-nos os costumes nipônicos, o modo de andar, a postura, a forma de curvar-se, dançar, agitar o leque. Foi um bom exercício para o corpo. Instruídos por eles, mandamos confeccionar indumentárias japonesas com obis (faixa de tecido sobre o quimono) para todos os atores usarem nos ensaios e nos exercitamos, pondo-os e tirando-os. As mulheres andavam o dia todo com as pernas atadas à altura do joelho, o leque fez-se um objeto indispensável à vida diária. Adotamos o hábito japonês de falar com a ajuda do leque.

Voltando do escritório ou da fábrica, vestíamos nossos trajes nipônicos e andávamos com eles a noite toda, e o dia todo nos feriados. À mesa do jantar ou do chá apresentavam-se japoneses e japonesas com leques que estalejavam quando eram abruptamente abertos ou fechados.

Tínhamos aulas de danças japonesas e as mulheres aprenderam todos os costumes encantadores das gueixas. Sabíamos como girar ritmicamente sobre nossos calcanhares, mostrando ora o perfil direito ora o esquerdo; como cair no chão, dobrando-nos como ginastas; como correr com passos miúdos; como saltar, levantando coquetemente os calcanhares. Algumas das mulheres aprenderam como atirar o leque no meio da dança, de modo que descrevesse um semicírculo no seu vôo e chegasse às mãos de outro dançarino ou cantor. Aprendemos a fazer prestidigitações com o leque, e a jogá-lo por sobre o ombro ou a perna e, o que é mais importante, dominamos todas as posturas nipônicas com o leque, sem exceção, uma série inteira das quais foi distribuída entre as canções e o texto, exatamente como notas na música. Desta maneira, cada passagem, compasso musical e nota tônica possuía seu gesto, movimento e ação definidos com o leque. Nas cenas de massa, isto é, no coro, cada cantor recebia com o leque a sua própria série de gestos e movimentos para cada nota acentuada, barra musical e passagem. As posturas com o leque dependiam dos arranjos dos grupos e, mais ainda, de um caleidoscópio de grupos continuamente cambiantes e moventes. Enquanto alguns dirigiam seus leques para o alto, outros abaixavam-se e os abriam junto aos pés; outros faziam o mesmo para a direita, outros ainda para a esquerda, e assim por diante.

Surgia um espetáculo impressionante quando esse caleidoscópio entrava em ação nas cenas de massa, e os leques de todos os tamanhos, cores e tipos voavam pelo ar. Foram preparados muitos praticáveis, ou estrados cênicos, de modo que, do proscênio onde os atores estavam deitados no assoalho, até o fundo onde estavam em pé, bem acima do tablado, o arco inteiro da planta baixa do palco podia ser preenchido com os leques. Estes o cobriam qual uma cortina. Os praticáveis oferecem um velho mas cômodo método para o diretor de cena realizar agrupamentos teatrais. Acrescentem à descrição do espetáculo os trajes pitorescos, muitos dos quais eram realmente japoneses, as armaduras antigas de samurais, as bandeiras, os aspectos verdadeiros da vida japonesa, as nossas composições plásticas originais, a nossa habilidade artística, os números de malabarismo e acrobacia, o ritual todo da apresentação, as danças, os rostos bonitos e a juventude das mulheres, o nosso ardor e temperamento de moços, e ficará claro que havia ali o suficiente para converter a realização num sucesso...[10].

Cuidados dessa ordem no detalhe e o mesmo empenho no acabamento, somados às facilidades técnicas oferecidas pelas novas instalações no Clube dos Caçadores[11] e sobretudo integrados por uma incessante busca estilística, deram a Stanislávski os elementos para montar, ainda com o seu grupo da Sociedade de Arte e Literatura, espetáculos de um apuro teatral que superava tudo quanto a *mise en scène* russa pudera oferecer até então e que impressionaram profundamente o público moscovita. Particular sensação causavam as cenas de massa, de invocação fantástica e reconstituição histórica.

Em *Uriel Acosta* (1895), o drama de Gutzkow, acerca do famoso cristão-novo português que os rabinos da sinagoga de Amsterdam excomungaram por livre-pensamento, a platéia ficava estarrecida, mormente no segundo ato, quando, em meio à grande festa nupcial oferecida por Manassés, pai da noiva de Uriel, a celebração era interrompida pelo som cavo das trompas e pelos agudos cortantes dos clarins que anunciavam a aproximação do cortejo de rabis, em batas pretas, trazendo o anátema. O quadro terminava com os convivas abandonando precipitadamente o festim, sob os gritos histéricos das mulheres. Mais adiante, a tensão tornava-se maior ainda quando a turba de fanáticos, que perseguia o herético Uriel e quase o matava, impelia Stanislávski, a cujo cargo estava o papel, até a beira do proscênio, onde ele se detinha e enfrentava a multidão. Como que posto diante

10. *Op. cit.*, pp. 97-98.
11. As anteriores foram destruídas por um incêndio em 1891.

de um empesteado, o tropel de rostos contorcidos e vozes ululantes paralisava-se de repente no esgar do pavor e a seguir começava a recuar lentamente em face da máligna visão – era uma cena apresentada com tamanho ardor emocional e verossimilhança interpretativa que os limites entre ficção teatral e vida real se apagavam por um momento na imaginação dos espectadores.

Estes também eram tomados de assombro nos quadros de desvario de *O Judeu Polonês*, de Erckmann e Chatrian, melodrama onde um respeitável burgomestre alsaciano, tendo assassinado um rico viajante judeu que lhe pedira abrigo numa noite de tempestade, é acometido de alucinações durante o casamento da filha, que se efetua anos mais tarde: fantasmas e espectros, gerados por uma sinfonia fantástica de sons e efeitos visuais, o submetem a um julgamento de consciência, que o condena.

Elementos simbólicos da mesma natureza foram empregados na estranha mistura de naturalismo e fantasia poética com que, em *Ascensão de Hânele* (1896), de Hauptmann, o jovem encenador manteve o auditório preso, do primeiro ao último ato, num clima de horror, compaixão e *suspense*. Era um espetáculo em que avultava o papel da direção, pois uma complexa marcação audiovisual não só acompanhava e destacava o jogo dos atores, como tecia uma "atmosfera" que alentava as personagens em cena e o sentido de suas ações: nela, a agonia da pobre menina pôde elevá-la, com realidade teatral, do sórdido ambiente de seu cotidiano para o mundo seráfico de seus anseios, metamorfoseando mendigos, ladrões e prostitutas do mais baixo grau de degradação humana em figuras luminosas e angelicais.

Ainda nessa temporada de 1896, Stanislávski tentou concretizar um sonho que acalentava desde 1882, quando ficara extasiado com a arte de Tomaso Salvini, cujo Otelo lhe parecera "uma imagem maravilhosa e gigantesca... um monumento a corporificar alguma lei eterna"[12]. Não foi isso

---

12. Em *My Life in Art*, p. 194. Nessa conexão, também, Stanislávski comenta que, apesar da qualidade única, havia algo no desempenho de Salvini que o fazia lembrar o jogo interpretativo de outros atores notáveis,

precisamente o que ele conseguiu na sua interpretação. Mas se a sua montagem de *Otelo* tampouco primou pelo tratamento dispensado à expressão verbal do texto shakespeariano, apresentado aliás numa tradução claudicante, revelou, mais uma vez, imaginação inventiva e renovadora quanto à idéia e ao dispositivo cênicos. Stanislávski, além de uma rica e exótica ambiência cenográfica, de inspiração veneziana e oriental, em que linhas sinuosas de canais e gôndolas ou de vielas e bazares se compunham com alcatifas, almofadas, cafetãs, albornozes e coloridos adereços, procurou para essa tragédia do ciúme e da intriga não só o respaldo psicológico nas motivações da alma humana como também sócio-histórico nas relações do mundo turco-cipriota com a república dos Doges. No entanto, apesar do brilho e mesmo fausto das sugestões históricas e de toda a encenação, ou talvez por causa disso, segundo o reparo crítico do famoso ator italiano Ernesto Rossi[13] que assistiu à representação, a montagem não convenceu a platéia de Moscou[14].

O mesmo, porém, não aconteceu com *O Sino Submerso*, novamente um texto de Hauptmann. É curioso que o futuro paladino da "mímese interior" deva então alguns de seus maiores triunfos justamente a peças de forte cunho simbolista e, em geral, àquelas que lhe dão maior oportunidade de efetuar malabarismos de *mise en scène*. Como salienta David Magarshack, a propósito de *O Sino Submerso*:

> A peça de Hauptmann, um conto de fada "filosófico", no qual o próprio Heinrich (a personagem central) é uma espécie de herói wagneriano super-

italianos e russos, algo que era comum a todos e que "somente comediantes muito talentosos possuíam" (*id.*). Procurando identificar esse elemento foi que o futuro autor do "Método" pôs-se a observar, desde Salvini, "a toalete preparatória da alma artística" no ator (*id.*, p. 195).

13. "Todos esses brinquedos são necessários quando não há atores. Uma bela e ampla vestimenta pode cobrir bem um corpo deplorável no qual não pulsa o coração de um artista. Em *My Life in Art*, p. 204.

14. No entanto, Meierhold, numa carta de 30 de janeiro de 1896, diz: "... O espetáculo da Sociedade de Arte e Literatura me deu muito prazer. Stanislávski tem um talento imenso. Nunca vi um Otelo assim e é pouco provável que jamais veja algo semelhante na Rússia" (*Écrits sur le théâtre*, t. 1, p. 47).

Duas personagens de O Sino Submerso, *de G. Hauptmann, no TAM, c. 1905.*

Uriel Acosta, de K. Gutzkow. Encenação da Sociedade de Arte e Literatura. Da direita para esquerda, Uriel Acosta (Stanislávski); de Santos (V. Lujski) e Ben-Akiba (N. Popov).

-humano que perece porque a verdade que deseja dar à humanidade (o sino submerso) é acessível somente aos deuses e é mortífera para os homens, era precisamente o tipo de coisa que exercia forte atração sobre Stanislávski nesse tempo. Uma alegoria fantástica não requer profunda compreensão do coração humano, e era o coração humano que oferecia dificuldades quase insuperáveis a Stanislávski, em seus esforços de representá-lo no palco. A encarnação de um papel ainda constituía a seus olhos um mistério cuja chave nem sequer tentava então procurar. Nem ele nem seu grupo de amadores estavam àquela altura capacitados a prender uma platéia por sua simples presença no tablado. Mas Stanislávski já manejava com muita proficiência toda espécie de truque cênico que mantivesse a atenção do público grudada no palco, inclusive o uso da luz, dos efeitos sonoros e um entendimento do significado dramático das pausas. E agora, graças aos cenários de Símov, a peça de Hauptmann fornecia-lhe mais uma oportunidade de dominar a arte do emprego de objetos tridimensionais no palco e com seu auxílio infundir maior expressividade a um papel, mercê dos recursos proporcionados pelas poses, pelos movimentos e pelas ações plásticas...[15].

De todo modo, como se vê, no período compreendido sobretudo entre os anos de 1888 e 1896, Stanislávski interpretou e dirigiu um número ponderável de peças de todos os gêneros, desde a tragédia até a opereta, as quais traduzem tanto a amplitude de seu aprendizado teatral quanto a "dualidade básica"[16]de suas atrações estéticas. A bem dizer, sentia-se igualmente seduzido pelo prosaísmo naturalista, enquanto daguerreotipia veraz e minuciosa da natureza do homem, das condições do meio e das determinações da espécie, e pelos vôos poético-metafísicos do assim chamado "decadentismo" impressionista e simbolista, com seus requintes de sensibilidade, suas cavilações subjetivistas e existenciais, e suas vibrações tonais num bater de asas de borboletas crepusculares. Essa ambivalência correspondia às dúvidas e incertezas que lhe conflitavam o espírito com respeito ao rumo que poderia imprimir à sua arte.

Em 1897, Stanislávski estava com trinta e quatro anos. Havia onze que dirigia e dezessete que interpretava. Já era um nome conhecido no meio teatral russo, mas sempre como rico

15. *Stanislavsky*, pp. 134-135.
16. No dizer de Marc Slonim, in *Russian Theater*, p. 105.

diletante que dedicava as horas de lazer ao divertimento cênico. Além disso, não estava satisfeito com o que conseguira até então em termos de aprimoramento teatral e definição artística. De um lado, porque seu realismo, oriundo da escola de Schchépkin--Fedótov-Máli, se chocava nele com o gosto de uma teatralidade aparatosa coruscando em lances espetaculares e com o pendor para a interiorização psicológica à beira do sonho e do devaneio; de outro, porque o seu demônio íntimo, que era o de um anelo incessante, quase obsessivo, de domínio do instrumental e do aperfeiçoamento da expressão no teatro, o impulsionava a cada conquista formal a novas "experiências", à busca de algo situado numa esfera inexplorada ou pouco conhecida pela arte cênica de sua época. Tudo isso o fazia aspirar, no plano imediato, a um palco mais amplo de ação, melhor organizado, com mais recursos técnicos e maiores possibilidades de ressonância artística do que o do Clube de Caçadores. A ocasião para transformar esse desejo em alguma coisa mais efetiva apresentou-se em 1898, quando, num histórico encontro iniciado no restaurante Slavianski Bazar e terminado na casa de Stanislávski[17], este e Nemírovitch-Dântchenko conversaram das duas da tarde de um dia até as seis da manhã do dia seguinte, lançando as bases programáticas de um novo teatro.

Vladímir Nemírovitch-Dântchenko (1858-1943) já era também àquela altura um nome bastante conhecido nos círculos literários e teatrais da Rússia. Filho de um oficial da pequena nobreza, formara-se na atmosfera intelectual da Universidade de Moscou, que fornecia ao teatro local uma parte ponderável de seu público. Na década de 1880 começou a destacar-se como ficcionista, crítico teatral e dramaturgo. Suas peças entraram no repertório dos palcos imperiais e, uma delas[18], *O Preço da Vida*, foi o grande êxito da *saison*

17. V. a descrição dessas conversações em "Um Encontro Memorável", *My Life in Art*, pp. 216-222, e na autobiografia de Nemírovitch-Dântchenko, *My Life in the Russian Theatre*, pp. 78 e ss.

18. Dântchenko estreou com uma comédia, *Rosa Brava*, 1882. Seguiram-se: *Nós Americanos*, *A Floresta Sombria*, *Bancarrota na França*, uma adaptação. No verão de 1885, escreveu em colaboração com Sumbátov *Falcões e Corpos*. *Uma Nova Ocupação*, Prêmio Griboiêdov de 1892, *O Ouro*,

de 1896, tendo conquistado o Prêmio Griboiêdov contra a opinião do próprio laureado. Nemírovitch-Dântchenko declarou à comissão julgadora que a distinção deveria caber ao texto de Tchékhov, *A Gaivota*, cuja apresentação, na mesma temporada, redundara em fiasco total no Alexandrínski de São Petersburgo.

Desde logo, Dântchenko pôs-se a lutar contra os métodos rotineiros e a padronização teatral reinantes no Máli. Já em 1891, no mesmo ano em que fora ali acolhido como autor, graças ao ator Sumbatov-Iujin, seu amigo, enviara um memorial à direção da referida casa de espetáculos – que esta rejeitou – sugerindo medidas para superar a estagnação artística e modernizar os teatros imperiais. Propunha que fossem introduzidos ensaios com indumentária, que se criassem novos cená-rios, trajes, objetos e mobiliários a cada nova montagem, ao mesmo tempo que indicava a necessidade de levar as peças com elementos indicativos de época e colorido específico. Nas instruções que publicou, também em 1891, sobre o modo como pretendia que fosse encenada a obra de sua lavra, *Uma Nova Ocupação* (Novoe delo), afirma que a principal tarefa do diretor deve ser, não explicar os componentes cenográficos, mas, sim, analisar as personagens, relacionando-as com a idéia central do texto.

> Todo cenário, gesto ou movimento do ator deve depender diretamente de sua vida interna, subjetiva no palco. Quando o ator cruza a rampa da direita para a esquerda, esse movimento deve dimanar da conduta da personagem corretamente concebida[19].

Ainda em 1891, tornou-se professor da escola para a formação de atores da Filarmônica de Moscou. Entre seus alunos, encontravam-se Olga Kníper, que mais tarde se casou com Tchékhov, Meierhold, Ivan Móskvin, figuras que se

---

O Preço da Vida são peças de Dântchenko, que tiveram grande repercussão. Encenadas quase todas nos teatros imperiais de Moscou e S. Petersburgo, indicam por esse fato o lugar que seu autor ocupava na produção dramática russa da época.

19. N. Gortchakov, *The Theater in Soviet Union*, p. 28.

destacariam sobremodo no horizonte teatral russo. Todos eles tomaram parte, como intérpretes, na "peça de exame", *Casa de Boneca*, de Íbsen, que se constituiu, segundo o registro crítico, na primeira apresentação fiel desse texto na Rússia. O espetáculo marcou época sob vários aspectos, assinalando não só a presença de valores emergentes na arte dramática moscovita, mas também os primeiros resultados de uma nova maneira de ensiná-la.

Com efeito, Nemírovitch-Dântchenko, além de orientar seus alunos na linha de uma larga educação artística – que ele, Iujin e outros propugnavam como arma para combater o mau gosto, a ignorância e o convencionalismo barato grassantes no teatro em geral, principalmente na província – foi o primeiro professor de arte dramática a abandonar os métodos da memorização superficial das falas e exigir, antes de mais nada, uma técnica de interpretação baseada no aprofundamento subjetivo da personagem e das situações pela vivência do comediante. Como que prefigurando as propostas do futuro Teatro de Arte, afirma ele num artigo publicado em 1891 e citado por Gortchakov:

> Quando olho para os alunos, pouco me interessam os êxitos que apresentem nas técnicas das artes teatrais. Estas poderão ser adquiridas. Busco antes de tudo sinceridade e sério trabalho de base na arte. A tarefa de quem ensina num curso dramático é perceber o talento específico do estudante e dar-lhe encaminhamento genuíno, isto é, ensinar-lhe a refletir sobre as personagens configuradas, mostrar-lhe como um aluno deve adaptar-se ao papel[20].

Pondo de lado a velha prática de fixar no primeiro ensaio as características dos papéis a serem representados, sem qualquer discussão sobre as personagens e as situações em que o texto se envolvia, introduziu a fase preliminar do trabalho de preparo cênico, com o assim chamado "ensaio de mesa" em que destrinçava e detalhava as relações vigentes na obra e o mundo interior de suas *dramatis personae*. No transcurso desse labor, os alunos-atores eram estimulados a manifestar seus pontos de vista a respeito das figurações, dos problemas e idéias emanadas da peça, devendo analisar cada uma das partes, imaginar sua

20. Gortchakov, *op. cit.*, pp. 28-29.

representação, traduzi-las numa visão pessoal e vivê-las como se fossem criaturas reais, e não caracteres fictícios. Assim, o estudante aprendia a levantar o sentido do universo que lhe era proposto e das ações nele praticadas, "interpretando" o texto e o papel antes de memorizar suas referências verbais, as palavras das falas, antes de exprimi-las em máscaras representativas e conformá-las em signos cênicos, antes mesmo de efetuar o primeiro passo gestual no tablado.

Esses métodos mais precisos e refinados para suscitar e educar no ator o "intérprete", aprestando-o para o desempenho teatral em sua capacidade de "artista" e "intelectual" tanto quanto de comediante, atendiam, sem dúvida, a uma didática decorrente das tendências de arte e dos princípios estéticos que norteavam o trabalho criativo e o pensamento crítico de Nemírovitch-Dântchenko. Mas, além de corresponder às exigências de um naturalismo que procurava plasmar-se dramaticamente sob a forma de "Movimentos psicológicos, feições cotidianas, questões morais, fusão emocional com o autor, aspiração à franqueza e simplicidade, busca de uma expressividade vívida na dicção, mímica, plástica..."[21], tais abordagens também iam ao encontro dos reclamos de uma verdadeira revolução teatral que começava a desenhar-se na vida da cena russa e que teria, em sua primeira etapa, como principais fautores, o próprio Nemírovitch-Dântchenko e alguns de seus melhores alunos, associados ao grupo de amadores de Konstantin Stanislávski.

É indubitável que desde o início Stanislávski e Nemírovitch-Dântchenko se propuseram alvos que transcendiam à simples apresentação de bons espetáculos. Queriam "criar um teatro nacional – quase com as mesmas tarefas e planos com os quais Ostróvski sonhara"[22], lê-se nas páginas de *Minha Vida*

21. Nemírovitch-Dântchenko, *op. cit.*, p. 46.
22. O esquema para o estabelecimento de um "teatro" nacional que Ostróvski elaborou quase ao fim de sua vida, "...em todos os pontos essenciais corresponde ao plano que Stanislávski e Nemírovitch-Dântchenko delinearam em seu primeiro encontro no Slaviansky Bazar, cerca de vinte anos mais tarde, constata Magarshack, *op. cit.*, p. 145.

na Arte[23]. Na verdade, tratava-se de renovar organicamente a arte praticada nos palcos da Rússia, dotando-a nada mais e nada menos do que de "novas leis" e, ao mesmo tempo, abrindo-a a novas camadas de espectadores, o chamado público "popular". Um projeto de tal envergadura, no âmbito de um empreendimento privado, era no mínimo ambicioso, senão utópico e inviável, como pareceu a muitos.

De todo modo, com esse plano de fundo, os dois idealizadores do empreendimento escolheram um elenco de 39 membros[24], além do pintor Símov, do maquilador Gremislavski e do corpo técnico e administrativo[25], traçaram um plano de atividades, bem como de organização e financiamento, dividiram as responsabilidades artísticas, cabendo a parte literária primordialmente a Dântchenko e o setor específico da encenação a Stanislávski, mas com a ressalva de que seu parceiro poderia também dirigir a montagem de peças sempre que o desejasse. Ainda assim, ambos dispunham basicamente dos mesmos direitos, com poder de veto, um sobre a "forma" e o outro sobre o "conteúdo". Quanto ao nome foi encontrado, na versão definitiva, bem mais tarde. Resultou de uma sugestão de Dântchenko, "Teatro de Arte (ou Artístico) de Moscou Acessível a Todos", título que, ao cabo de duas temporadas, por força de uma reestruturação determinada por dificuldades econômicas, converteu-se em "Teatro de Arte de Moscou".

Mas a primeira preocupação de seus diretores foi de outra ordem, uma vez que pretendiam apresentar-se ao público moscovita já no outono de 1898. Assim sendo, restava-lhes pouco mais do que o período estival para preparar o repertório

23. Trad. citada, p. 221.
24. Vinte e três rapazes e 16 moças, entre 20 e 23 anos. Quatorze provinham da Sociedade de Arte e Literatura, destacando-se Maria Lilina, Andreieva, Samarova, Lujski, Artiom; 12 procediam da escola de atores da Filarmônica, notadamente Móskvin, Meierhold, Savitzkaia, Olga Kníper; e os demais vinham de outros grupos e da província, como era o caso de Vischnevski, que se tornaria, segundo Nina Gourfinkel, "um dos pilares do Teatro de Arte" (*Constantin Stanislavski*, p. 69).
25. Setenta e oito era o número de funcionários previstos para esse setor. Somados aos atores, músicos e figurantes, todos eles contratados em caráter permanente, o conjunto perfazia 313 pessoas.

de estréia[26]. Além disso, devendo receber somente em fins de setembro a casa teatral que haviam arrendado, careciam de um lugar conveniente para iniciar os trabalhos. A solução veio de um velho amigo de Stanislávski, que colaborava em suas aventuras artísticas desde o Círculo Alexêiev. Com efeito, Nikolai Archipov, que sob o nome de Arbatov tornou-se conhecido como diretor de cena do Teatro de Arte, pôs à disposição da nova companhia[27] um pavilhão em sua casa de veraneio perto de Púschkino, nos arredores de Moscou.

Submetido a alguns arranjos, como nos informa Stanislávski, o local transformou-se num pequeno teatro improvisado. Ali, com o pessoal alojado em aldeias e *datchas* próximas, começaram os ensaios a 14 de junho. Ao inaugurá-los, Stanislávski proferiu uma breve alocução na qual, rendendo homenagem à Sociedade de Arte e Literatura e ao espírito de equipe que permitira ao elenco vencer todas as dificuldades e impor-se à indiferença do público, salientou que a nova iniciativa exigia mais ainda a cooperação coletiva dos participantes, pois o que estava em jogo não era a vantagem material de seus mentores e, sim, a criação de um teatro com responsabilidades públicas. Pedia, pois, a todos que tomassem grande cuidado com o que lhes fora confiado:

26. Do anúncio preliminar, que apareceu assinado por Nemírovitch-Dântchenko como "diretor do repertório" e Stanislávski como "encenador-chefe", constavam oito peças: *Czar Fiódor Ioânovitch*, do Conde Alexei K. Tolstói; *O Sino Submerso* e *Ascensão de Hânele*, remontagem dos dois textos de Gerhardt Hauptmann que haviam sido representados com sucesso pela Sociedade de Arte e Literatura, sendo que o segundo seria pouco depois proibido pela censura imperial a pedido do Santo Sínodo da Igreja Ortodoxa; *Uriel Acosta*, de Karl Gutzkow, e *Homens acima da Lei*, de A. Pissemski, duas representações de peças anteriormente encenadas por Stanislávski; *O Mercador de Veneza*, de Shakespeare, e *Antígona*, de Sófocles, as duas únicas peças clássicas; e *A Gaivota*, de Tchékhov. Um novo texto foi a seguir acrescentado, *A Felicidade de Greta*, de um obscuro autor contemporâneo, bem como *Hedda Gabler*, de Íbsen.

27. Segundo o testemunho de Stanislávski em sua autobiografia, *ed. cit.*, p. 222. Magarshack, porém, pretende que essa cessão ocorreu um ano antes, ainda no quadro da Sociedade de Arte e Literatura (cf. *Stanislavsky*, p. 128).

Se não abordarmos esta coisa com mãos puras, iremos sujá-la, torná-la vulgar, e não haverá outra alternativa senão nos separarmos... Ora, não se esqueçam: procuramos levar a luz às classes pobres, dispensar-lhes instantes de felicidade estética nas trevas em que enlangueszem. Aspiramos a criar o primeiro teatro acessível, razoável e moral. Tal é a tarefa à qual nos devotamos[28].

E foi com devoção e entusiasmo que aquele grupo de gente jovem se pôs a dar realidade a esse ideal. Durante alguns meses de vida em comum, em cujo decurso "eles mesmos tinham de limpar o palco e a sala (improvisados), preparar o *samovar* e revezar-se nas fainas domésticas"[29], desenvolveram numerosos laços pessoais de amizade e de amor (ao fim de meio ano, houve uma dúzia de casamentos na *troupe*), mas sobretudo o tipo de compreensão, disciplina e trabalho que se fazia mister para levar a cabo um intento como aquele.

Stanislávski chamou o projeto de "revolucionário"[30]. E o era. Não tanto, talvez, pelos serviços que se propunha a prestar à causa da cultura e da arte, à educação do povo, à discussão dos problemas da sociedade moderna e à expressão do espírito nacional russo, nem pela ética artística e nem sequer pela ideologia estética de que pretendia ser paladino na vida teatral, quanto pela verdadeira "depuração" e transformação que desejava promover nos procedimentos e padrões cênicos estabelecidos. Nesse sentido, porém, o de uma recusa comum do peso morto do passado e de um anseio conjunto por reformas profundas, a companhia reconjugava-se numa autêntica unidade de idéias e aspirações. Era um estado de espírito e uma visão das coisas que o fundador do Teatro de Arte descreveu assim:

Nós estávamos protestando contra a forma de se atuar no palco, contra a teatrada e o *pathos* afetado, a declamação e a representação exageradas, contra o sistema de estrelato que arruinava o *ensemble*, contra o modo como as peças eram escritas, contra a insignificância dos repertórios. A fim de rejuvenescer a arte, declaramos guerra contra todos os convencionalismos do teatro: no desempenho, direção, cenários, trajes, entendimento das peças etc.[31]

28. N. Gourfinkel, *Constantin Stanislavski*, p. 71.
29. V. Nemírovitch-Dântchenko, *My Life in the Russian Theatre*, p. 146.
30. *My Life in Art*, p. 224.
31. *Op. cit.*, pp. 224-225.

A contrapartida desta rebelião da "naturalidade" contra o artificial, o rotineiro e o maquinal do teatro, foi um esforço, até então sem par, mesmo nos Meininger, de instauração rigorosa da obra teatral como realidade em cena. Sob a direção de Stanislávski[32], de Dântchenko[33] e do *régisseur*-assistente Sanin, cada cena era preparada nos menores detalhes, e depois continuamente revista à luz dos quadros subseqüentes, de modo a se dar unidade de tom ao conjunto. Setenta e quatro ensaios foram dedicados ao *Czar Fiódor*; 37 a *Antígona*; 35 a *Shylock*; 26 à peça de Tchékhov, *A Gaivota*. São

32. Desde logo se faz sentir o papel determinante que a personalidade artística de Stanislávski irá exercer no elenco e no seu estilo de realizar teatro. Nesse sentido, uma carta de Meierhold a Olga Mikháilovna, sua primeira esposa, oferece um testemunho significativo. Escreve ele: "Púschkino, 22 de junho de 1898. Os ensaios correm muito bem e isso unicamente graças a Alexêiev. Como ele sabe interessar a pessoa com suas explicações, como sabe levantar-lhe o moral com divinas demonstrações que apaixonam! Que senso artístico, que imaginação:/ *O Mercador de Veneza* será montado *à la* 'Meininger'. Respeitar-se-á a precisão histórica e etnográfica. A velha Veneza erguer-se-á viva diante do público... Por si só, o cenário desenha imediatamente a idéia da peça. É obra de Símov. Vimos as maquetes que ele elaborou e que Alexêiev trouxe por ocasião da leitura da peça./ Os papéis estão bem distribuídos: Alexêiev e Darski se alternarão no papel de Shylock./ Você me pergunta como é que Darski se comporta nos ensaios, esse ator sempre em *tournées*, que passou oito anos na província? Pois bem, não só se submete a uma disciplina externa, como refunde inclusive de alto a baixo o papel de Shylock que vem desempenhando há tanto tempo. A interpretação que Alexêiev dá ao papel é tão distante da rotina, é tão original que ele não se atreve a protestar, mas humildemente, não cegamente (pois é muito inteligente para isso), retrabalha o papel, desembaraça-se do convencionalismo e da ênfase. E se você soubesse como é difícil! É que ele fez esse papel durante oito anos e várias vezes por ano. Não, Darski é na verdade digno de estima./ Alexêiev interpretaria o papel melhor do que ele, sem dúvida. Pois o apurou admiravelmente" (*Écrits sur de le Théâtre*, t. 1, pp. 47-48).

33. Este fora para a Criméia a fim de concluir um livro, chegando a Púschikino a 25 de julho. Os ensaios ficaram principalmente a seu cargo, a partir de agosto, quando Stanislávski viajou, por sua vez, com a família para descansar na casa de campo de um de seus irmãos, perto de Kharkov. Lá redigiu as notas para a encenação de *A Gaivota*. No começo de outubro, os atores retornaram a Moscou, continuando a preparar os espetáculos, primeiro no Clube dos Caçadores e, desde 7 de outubro, no Teatro Hermitage, que seria a sede da companhia nas quatro temporadas seguintes.

números expressivos, principalmente numa época em que a maioria dos espetáculos mal era ensaiada, em uns poucos dias, e eles falam por si do caráter que animava a *mise en scène* do novo teatro.

Foi no decurso desses trabalhos que começaram a aflorar e a sintetizar-se técnicas e formas que, desenvolvidas e acentuadas a seguir, haveriam de compor o que veio a ser considerado o *modus operandi* e o estilo característicos do Teatro de Arte de Moscou. Embora envolvendo uma complexa elaboração artística coletiva, já pela natureza mesma do teatro, e ainda que a própria evolução dos mentores da nova *troupe* também deva ser levada em conta, o processo de especificação desencadeou-se, é claro, com base em concepções e critérios que eram então os de Stanislávski e Nemírovitch-Dântchenko, em primeiro lugar, e que foram por eles levados à prática ou emergiram em decorrência desta.

Uma das principais inovações foi, sem dúvida, a que adveio da adoção do princípio do *ensemble* artístico, a equipe que materializa a peça como uma produção conjunta. Essa forma de fazer teatro, como se sabe, não implica o que se entende hoje por "criação coletiva" e muito menos, sobretudo àquela altura, uma direção desse tipo. Ao contrário. Não é de admirar então que no grupo moscovita, destinado a ser historicamente, pela natureza de sua proposta, um dos laboratórios clássicos dos procedimentos e das performances do *ensemble*, o correlato direto do trabalho em equipe, e justamente apoiando-se nele enquanto instrumento de uma interação altamente flexível, eficaz e precisa, tenha sido o da direção individual como vontade organizadora e como concepção plasmadora da *mise en scène*. Subordinando-se--lhe, todos os componentes da realização cênica deviam ser adequadamente conjugados e estruturados, nada ficando ao sabor do simples capricho ou improvisação. Tratava-se de uma abordagem abrangente e exaustiva da representação no teatro. A peça era naturalmente entendida como sendo em primeira e principal instância o texto escrito. Mas sua corporificação no palco já era vista como um todo orgânico em que, polarizados pela ação dramática, se concertavam e se integravam no verbal, fulcro dos demais, os diferentes elementos mímicos, pictóricos e musicais. Cada ator tinha de encontrar o seu lugar específico e pertinente na função cênica, de forma a compô-la por um desempenho altamente individualizado e no entanto absolutamente indispensável para a conformação do conjunto. É claro que, para tanto, a cenografia, a música e todos os demais actantes deviam armá-lo objetiva e subjetivamente, segundo a partitura da criação-interpretação encenante e sob a batuta executante do *régisseur*. O alvo era a perfeição artística do espetáculo.

Ao virtuosismo da estética em cena, entretanto, Stanislávski e Dântchenko ligaram uma não menos exigente ética dos bastidores. Isto viria à tona nos aforismos que redigiram como uma espécie de ideário para a companhia e, mais especificamente, no primeiro deles e um dos mais célebres, onde se diz: "Não há pequenos papéis, mas somente pequenos atores"[34] (um dito de Schchépkin). No mesmo espírito, partindo ainda da idéia de que o artista deve amar a arte em si mesma e não a si mesmo na arte, a segunda das referidas máximas considera que o comediante, não importa quão grande, tem de se dispor a ser "hoje Hamlet, amanhã coadjuvante, mas até como coadjuvante deve ser artista". Na verdade, todos os que colaboram na criação da obra teatral, reza o terceiro dos aforismos, "o poeta, o ator, o cenógrafo, o costureiro e o contra-regra, todos servem a um só objetivo, posto pelo poeta em sua peça". Encarná-lo em sua plenitude no palco é um imperativo estético e ético do realizador cênico, de sorte que toda "transgressão das regras do teatro é crime", declara peremptoriamente o quarto desses itens. Nessas condições, compreende-se que "atraso, preguiça, histeria, má vontade, ignorância do papel, necessidade de repetir tudo duas vezes são igualmente prejudiciais ao conjunto e devem ser erradicados".

O zelo desse reformismo não se circunscreveu tampouco ao domínio situado aquém do pano de boca. Atra-

---

34. Stanislavski, *My Life in Art*, p. 221, de onde procedem também as demais citações que fazemos deste pequeno memento.

vessando a linha divisória entre palco e platéia, envolveu um elemento que, embora indispensável para a efetivação do "teatro", era tido então como inteiramente aleatório e despido mesmo de qualquer relação orgânica com a consecução artística, ou seja, o público. Sua presença na sala de espetáculos deixa de ser entendida como o da clientela de um local de diversões, pois um templo onde se oficiam os mais solenes e transcendentes ritos de arte requer antes de tudo uma congregação de crentes. Sem essa postura, que importava no abandono de hábitos desrespeitosos e perturbadores, seria impossível estabelecer a almejada comunhão e fruição da obra teatral. Educar o espectador, disciplinar seu comportamento, forçando-o a levar a sério seu "papel" no jogo de "faz-de-conta", era portanto tão importante quanto educar o comediante a fazê-lo atuar em estrita harmonia com o *ensemble* e a encenação. Pois isso significava submetê-lo, não apenas a boas normas de relacionamento social capazes de constituí-lo em público "educado", mas principalmente "às regras essenciais para a *unidade artística*[35] de nosso espetáculo", como declara Dântchenko[36], reconhecendo no espectador, mesmo em sua passividade de vedor, uma espécie de partícipe da realização cênica.

Como parte do esforço para integrar a assistência na produção de uma autêntica "casa de arte", ela foi proibida de ingressar no recinto depois de o pano ter subido, e os intérpretes, por seu turno, viram-se impedidos primeiro de interromper o curso da ação e, mais tarde, de aparecer nos entreatos, a fim de agradecer aplausos[37]. Só depois de celebrado o "mistério" da "reencarnação" teatral e uma vez materializada a obra cênica, é que os "artistas", "des-mascarando" seu jogo de metamorfoses, poderiam colher os louros de suas prestidigitações histriônicas e, mesmo então, de uma forma sóbria, com solene gravidade.

Pode parecer estranho que num espaço consagrado aos arrebatamentos dionisíacos se quisesse impor tanto come-

35. O grifo é meu.
36. *Op. cit.*, p. 93.
37. *Idem*, p. 235.

dimento. Mas tudo no teatro, inclusive o edifício e seus interiores, devia ser "culto" e refinado. A atmosfera que os dois diretores procuraram criar, quer nos camarins, quer nos corredores da sala de espetáculo, pautava-se pelo bom gosto e dignidade. Uma celebração dramática, mas elevada na expressão, espiritualizada, contida apolineamente, e socrática no ensinamento...

A bem dizer, apesar de os cuidados de que era objeto a qualidade formal da mensagem e mesmo a moldura do veículo, a proposta desse "teatro de arte" não se esgotava de modo algum no esteticismo, que era visto, igualmente, como o anverso de uma via pedagógica para o aperfeiçoamento moral e cultural do homem. Daí a "missão" educacional ser colocada como a segunda componente básica da companhia, permeando tanto quanto a artística toda a sua atividade.

É claro que princípios e fins tão sérios, para serem concretizados, demandavam uma seriedade não menor dos meios aplicados e do modo de aplicá-los. O trabalho *do* ator, se é que devia levar a um teatro profundamente veraz e artístico, tinha de ser escrupulosamente preparado pelo trabalho *com* o ator. E na medida em que se procurava tirar daí, para uma incorporação máxima de realidade humana, um investimento máximo de habilidades alentadas pela sensibilidade e espiritualidade não menos do que pela inteligência crítica e conhecimento das coisas, o palco dessa preparação tornava-se, afora uma tenda de prodígios e uma oficina de produção, principalmente uma escola de instrução, com acentuado desvelo didático. Dado o peso concedido à análise do texto e ao seu entendimento, em complementação à leitura conjunta da peça e ao estudo das partes, críticos, teatrólogos, autores e especialistas em diferentes assuntos foram crescentemente convidados a contribuir para as formulações do elenco, o que deu ensejo a verdadeiros cursos de literatura e arte, não só no campo estrito do teatro[38]. O

38. Stanislávski afirma, numa carta de 1901: "... Minha tarefa, até onde minha capacidade o permite, é purgar a família dos atores, eliminando ignorantes, semiletrados e exploradores. Minha tarefa, até onde minha capacidade o permite, é mostrar à geração moderna que o ator é um pregador

objetivo era sempre[39] o de aprofundar a "interpretação", através da ampliação das informações sobre o seu objeto e chegar, também intelectualmente, ao âmago dos "sentidos", a fim de encarná-los em figuras cênicas adequadas.

Mas, por refinados que fossem os recursos intelectuais e artísticos utilizados, a perspectiva de Dântchenko e Stanislávski não fugia, à primeira vista, ao realismo tradicional. Eles próprios, ao investirem contra as entonações cediças, o berreiro dramático, as atitudes melosas, os estereótipos corporais e o convencionalismo gestual, invocavam o nome e a bandeira de Schchépkin no seu combate contra os clichês românticos e melodramáticos de Dmitrevski[40]. Na realidade, porém, já então, nos passos iniciais do Teatro de Arte, estavam bastante além do mero mimetismo realista, ainda que aprimorado. Por quererem desembaraçar a cena de todas as formas convencionais e fossilizadas de representação dramática, começaram a ultrapassar esse estilo no que ele tinha de codificação mais esquemática e fechada, substituindo-o por um processamento na mesma chave estilística, porém muito mais aberta e flexível, de maior riqueza sugestiva, que buscava o gesto, a postura, o tom vocal, a própria palavra, enfim todos os elementos da figuração e comunicação do ator, no interior de uma fonte sobretudo emotiva, situada na subjetividade mesma no intérprete. Tratava-se já de dotar, de certa maneira,

da beleza e da verdade. Por essa razão, o ator deve estar acima da multidão, quer em talento, em educação ou em alguma outra virtude. Antes de tudo, o ator deve ser refinado, e deve apreciar e entender o gênio da literatura. Por isso, a meu ver, não há agora atores. Dentre mil nulidades, bêbados e semiletrados – os assim chamados atores – 999 devem ser purgados e um só, digno de vocação, escolhido. Minha companhia consiste em gente de universidade e técnicos que se graduaram em estabelecimentos secundários e de ensino superior. Nisso reside a força de nosso teatro...". *K. Stanislavski*, coletânea, p. 236.

39. A preocupação com o problema, uma constante na atividade teatral de Stanislávski e Dântchenko, manifesta-se desde cedo em ambos.

40. "...Os atores não falavam de maneira simples, declamavam pateticamente, gritavam as frases importantes, não para seus *partenaires*, mas para o público, aproximando-se da rampa. O desempenho assim compreendido, o da *escola de Dmitrevski*, foi considerado como natural durante um bom meio século, até que Schchépkin..." escreve N. Evreinoff, em sua *Histoire du Théâtre Russe*, p. 247.

cada ato do comediante em cena de uma motivação genuína e "real", profundamente personalizada, psicologicamente articulada no contexto do próprio sujeito-ator – uma espécie de rigorosa fundamentação causal e "natural", mas também, de outra parte, uma expressão configurativa que, se não reproduzia mecanicamente uma rubrica explícita ou entendida como implícita, representava, nas condições de cada ator, dentro dos recursos e do quadro envolvidos em cada encenação, uma aproximação infinita do que se julgava ser o gesto "real" e "necessário", dimanando objetivamente do texto e da personagem, enquanto imagens individualizadas do homem e da sociedade.

Como conseqüência, não era admissível que o comediante entrasse em seu papel e saísse dele, à ordem de suas deixas, permanecendo em cena e no entanto fora de cena, como acontecia habitualmente no teatro da época. A ilusão de realidade não devia ser afetada por um instante sequer. Por isso mesmo, em vez de expor grosseiramente a artificialidade e a convencionalidade de seu disfarce, depondo-o em meio ao desenvolvimento da ficção criada no palco e atingindo com isso a credibilidade mimética do universo representado, era dever de seu instaurador cênico, o comediante no desempenho de seu papel, levar o "fingimento" tão longe quanto possível, a ponto de torná-lo indiscernível de sua matriz real. Daí a necessidade de imitar a vida não apenas na exterioridade de gestos e movimentos convencionais, desnaturados pela função vicária de simbolizações, mas na dinamicidade intrínseca, não-mecânica, vital, convertendo cada figurante numa presença humana e, de certo modo, mesmo que não lhe coubesse pronunciar uma só palavra, numa identidade individual, numa "personagem" da mímese teatral.

É evidente que, a partir de tais exigências, se fizesse mister buscar nos padrões da existência os critérios cênicos e os elementos característicos seja da gesticulação, seja da entonação, seja da maquilagem, seja da indumentária, seja do cenário e de sua iluminação. Ora, descobri-los na urdidura da "realidade" não podia mais continuar sendo tão-somente um problema de colhê-los ao capricho da chamada fantasia artística. A própria

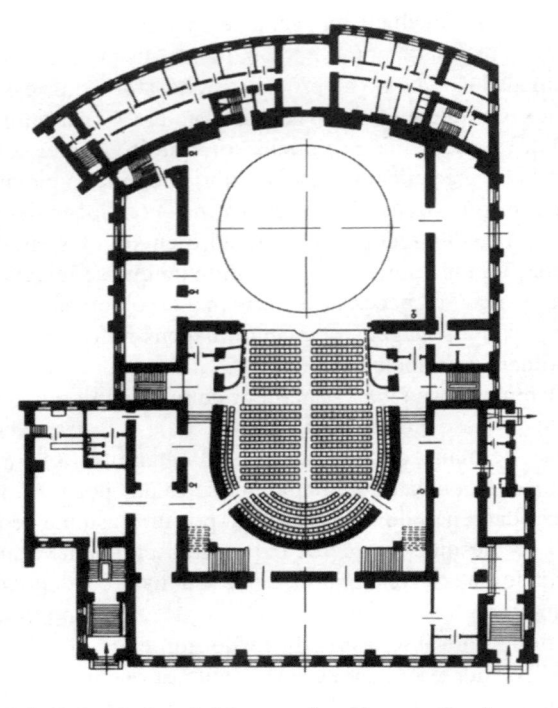

Planta do Teatro de Arte de Moscou e foto do mesmo local, salientando-se o dispositivo à italiana, que é visível também na planta.

S.T. Morozov no pátio do TAM.

lógica da abordagem naturalista, para não falar de redutoras e talvez inexistentes obediências doutrinárias estritamente definidas, impunha um tratamento mais metódico, que cercasse as opções de certa garantia de objetividade. "Aprender da vida", lema sob o qual se desenrolava esse trabalho, era pois mais do que simples observação de fatos. De uma busca quase científica dos componentes de natureza psicológica, social, etnográfica, histórica etc.[41]implicados numa peça, dependia a captação confiável do universo da obra e sua corporificação consentânea no tablado.

O assentamento da *mise en scène* em dados objetivos, provenientes de um cuidadoso labor de observação e pesquisa, era um ponto de suma relevância, no Teatro de Arte, não apenas porque armava melhor a direção no seu intento de evitar disparates de estilo na apresentação cenográfica do espetáculo, como era comum nas "decorações" teatrais da época. Definir cenários, mobílias, objetos e figurinos já se colocava como uma questão que punha em jogo, afora a "verdade artística" e a funcionalidade plástico-visual dos elementos imediatamente aparentes na representação, a própria integração da moldura material e da feição do *décor*

41.   Registros ilustrativos desses esforços encontram-se no relato autobiográfico de Stanislávski, pp. 230-233 (para *Czar Fiódor*), pp. 305-307 (para *No Fundo*). A encenação de *Júlio César* por Dântchenko levou esse diretor e o cenógrafo Símov a efetuar uma viagem a Roma, com o propósito de "reunir material". Os preparativos ficaram a cargo de "uma secretaria regular... estabelecida no teatro. Foi formado um certo número de departamentos encabeçados por responsáveis escolhidos entre os atores e diretores de cena. Tais departamentos foram instalados no *foyer* e nas salas contíguas. O primeiro departamento cuidou do lado literário da peça – seu texto, mudanças e cortes, tradução, comentários etc. O segundo departamento cuidou de tudo o que dizia respeito ao local, condições sociais de vida, costumes, edifícios e usos no tempo de César. O terceiro foi responsável pelas vestimentas, desenhos, padrões, tecido, compra e tingimento deste. O quarto departamento preocupava-se com armas, couraças e adereços. O quinto departamento tinha a seu cuidado o cenário, o material para desenhos, a feitura de maquetes; o sexto departamento era o de música, o sétimo encarregava-se de encaminhar as encomendas de tudo quanto fora decidido. O oitavo tratava dos ensaios e o nono, das cenas de massa e dos coadjuvantes. O décimo departamento era administrativo e distribuía os materiais recebidos entre os outros nove.", *idem*, p. 312.

no lineamento interno da montagem. Pois, pela óptica socio-
logizante do naturalismo, a construção do quadro cenográfico
implicava o estabelecimento do "ambiente", do "meio", da
"atmosfera", ou seja, do condicionante essencial das ações
humanas, também no teatro. Do espantoso empenho com
que se dedicaram a levantar em museus, arquivos, além de
investigações de toda sorte e mesmo expedições de campo,
subsídios para as suas encenações, de modo a desenvolvê-
-las em enquadramentos cênicos e com parafernália "verdadeiros", capazes de sugerir e fazer respirar o "clima" das
"realidades" teatralizadas, pode-se inferir que Stanislávski e
Dântchenko eram movidos, justamente na busca apaixonada
de uma perfeição absoluta, por essa consideração básica para
a fundamentação da naturalidade. Talvez de maneira mais
sutil, porém não menos decidida, tendiam provavelmente a
pensar que "é o ambiente que determina o movimento das
personagens, e não o movimento das personagens que determina o ambiente", como Antoine preceituava[42], ao justificar o
seu ponto de vista de que a criação do cenário era a primeira
tarefa fundamental do diretor, na montagem.

Não foi apenas na determinação de traços ambientais que
Stanislávski e Dântchenko recorreram aos préstimos de uma
busca sistemática de elementos. Nela também se ampararam
fortemente as composições de massa, nas quais o conjunto
moscovita primou, chegando a superar seus mestres ocidentais,
pelo extraordinário apuro com que passou a montá-las e, de um
modo particular, a plasmação e o acabamento dos papéis. Isso
porque, como já foi realçado, tudo no ator devia apresentar-se
como se ele estivesse vivendo a figuração assumida, independentemente do fato de se achar dentro de uma caixa cênica,
diante de uma sala de espectadores. Precisava atuar, furtando-
-se ao máximo à consciência de estar sendo visto, como se,
separado do público por uma espécie de "quarta parede", se
encontrasse na esfera da existência comum[43]. A impressão que

---

42. "Causerie sur la mise en scène", trad. para o inglês com o título
de "Behind the Fourth Wall", in *Directors on Directing*, Toby Cole e Helen
Krich Chinoy (org.), pp. 89-102.

43. *"[...] Vocês não devem viver no palco para o propósito de entreter
os espectadores, vocês precisam viver para vocês mesmos.* Quanto menos

devia suscitar era a de um fluxo de vida que fosse recortado no quadro de cena pelo vislumbre casual de uma testemunha ou eventualmente pelo olhar curioso do indiscreto. Uma representação dessa natureza requeria por certo muito mais do que o esboço improvisado. O toque de espontaneidade, que nenhum desempenho dramático dispensa e muito menos quando aspira a recapturar *in totum* a realidade, devia brotar de uma composição precisa e minuciosa, com base em dados fidedignos e pesquisados, de modo que as distorções teatrais não desnaturassem a "fatia-de-vida".

Assim concebido e encenado, tendo o modelo real ou a projeção verossímil como critérios vitais da representação teatral, o espetáculo constituía-se em um universo supostamente fechado em si mesmo, com estatuto ontológico da coisa natural e não do artifício da arte, situado portanto "além" da atualidade do jogo de teatro e do plano lúdico-ficcional de sua recepção enquanto produção do imaginário, a ele referida em sua existência concreta de ilusão de realidade e não de realidade de ilusão. Com isso naturalmente foi não só possível, como se tornou necessário, violar uma regra secular do teatro, segundo a qual era vedado ao intérprete, em atuação cênica, dar as costas ao espectador. Pois agora, o que se passava no tablado, entre as personagens, só podia assumir legitimamente a forma de uma ação-relação entre elas, que só devia ser comunicada por uma intercomunicação das *dramatis personae*, ao seu nível, e nunca por uma comunicação do comediante, por trás ou através da máscara, diretamente ao público. A declamação e o posicionamento destinado a chamar a atenção exclusivamente para a pessoa do intérprete, os efeitos atentatórios à sugestão mimética, os cortes de natureza épica na atmosfera dramática, a autonomização de "cenas" da peça e o parcelamento arbitrário do conjunto de sua carga significativa eram outros tantos procedimentos de um teatro que cumpria purgar inteiramente dentro do teatro. Ao contrário do que sucedia com

o ator desempenha para o público, mais misterioso e indefinível será o seu laço com ele, tanto mais íntimo e profundo", dirá Stanislávski em 1915 aos atores do TAM, numa oração que lhes dirigiu por ocasião do 17º aniversário de fundação da companhia (*Stanislavsky's Legacy*, p. 129).

tanta freqüência na prática tradicional do palco, nada devia descentrar-se desse espaço e, desprendendo-se de sua "ilusividade" e sua mediação integradora, escapar como um dado à parte para a platéia. Isto deslocava o centro gravitacional da encenação, que deixava de girar explicitamente em torno da sala e, em nome de sua lei orgânica e de sua necessidade interna, recolhia-se para o interior do palco. A miragem cênica tinha que fugir perspectivamente das "desencantantes" proximidades do proscênio, a fim de que pudesse, desrealizando-se como fluxo de representação, realizar-se como magia de representificação.

Não será preciso forçar as tendências da escola naturalista no teatro, se se considerar essa maneira de propor a encenação como um exemplo convincente de que se trata de um movimento por onde começa a moderna preocupação com a moldagem visual do espetáculo. Sem dúvida ela não era a exigência suprema. Mas ao contrário do que se tem afirmado, não cabe falar-se em "descaso" pela apresentação plástica no naturalismo cênico em geral (salvo se se quiser dele, com antecipação, a *mise en scène* da "teatralidade") e muito menos no que tange às buscas de Stanislávski e Dântchenko, mesmo naquela fase. Ambos, embora se deva lembrar também a atração de um pelo gesto teatral e a de outro pela palavra teatral, estavam empenhados, é certo, em consorciar com equilíbrio enunciação verbal e configuração plástica, ouvido e vista no teatro, mas ninguém, até então, quer na ribalta russa quer na européia, dedicara-se com tanto zelo a externar visualmente a linguagem dramática. Concediam grande atenção à montagem, até porque acreditavam que os cenários, a iluminação, os efeitos de som e os acessórios formavam suportes indispensáveis às emoções a serem suscitadas pelo intérprete no palco. Mas o aspecto visual do espetáculo devia subordinar-se, julgavam eles, a objetivos mais profundos, não lhe sendo reservado de modo nenhum o domínio absoluto do quadro cênico. Constituía um dos ingredientes, que era necessário dosar e repartir com adequação e proporcionalidade, de uma síntese orgânica e harmônica pela qual a encenação representada atualizava e irradiava os nexos do texto e a essência da peça.

Como já foi dito, nem todos os princípios e modos de fazer aqui apontados eram itens explícitos desde o começo, embora alguns estivessem implícitos no projeto teatral dos dois diretores. Os demais foram se definindo paulatinamente em urdidura com a personalidade e as tendências dos principais fautores da companhia. Mas o processo de definição nunca se esteou em meras posições programáticas, porém sempre em intenso trabalho de indagação e experimentação, esporeado pela inquietação artística, trabalho no qual o ponto de partida era a prática, o exercício da feitura, e o ponto de chegada não só o feito, a obra acabada, mas ainda a verificação dos resultados em face dos propósitos, a teorização *a posteriori* com fundamento nos elementos fornecidos pela observação e pesquisa, como, aliás, mesmo em arte, mandava o bom método positivista-naturalista.

Assim sendo, o acento principal dessa elaboração da especificidade do Teatro de Arte de Moscou deve ser procurado, nesse primeiro período sobretudo, primordialmente na própria atividade criativa, isto é, nas montagens realizadas.

Dois problemas concentraram então, naquele segundo semestre de 1898, os esforços de Nemírovitch-Dântchenko e Stanislávski: a adaptação do Teatro Hermitage, onde o elenco iria estrear, e o preparo da temporada inaugural. Segundo as concepções de ambos os responsáveis, as duas diligências eram igualmente prioritárias e mutuamente condicionantes. Não é pois de surpreender que, embora não dispusessem então de condições para atender adequadamente a uma e a outra, ao mesmo tempo, se empenhassem com igual afinco em plasmar, não menos do que a encenação, o local onde esta seria apresentada, tornando-o na medida do possível tão apresentável quanto ela.

O Hermitage em Karetny Ryad, conta Stanislávski[44], encontrava-se em estado terrível – sujo, empoeirado, desconfortável, sem calefação, com cheiro de cerveja e uma espécie de ácido que restara do uso estival do edifi-

44. *My Life in Art*, p. 241.

cio. Havia um parque, e o público era entretido com diversões variadas ao ar livre, mas com o tempo inclemente o entretenimento era transportado para dentro do teatro. Os aprestos do teatro eram destinados unicamente às platéias do parque e não denotavam o menor gosto. Isto se podia ver na escolha das cores, nas decorações baratas, na miserável tentativa de luxo, nos cartazes dependurados nas paredes, na cortina do palco recoberta de anúncios, nos uniformes dos indicadores de lugar, na escolha da comida do bufê e em todo o caráter insultante do edifício e na desordem da casa.

Precisávamos nos livrar disso, mas não tínhamos dinheiro para criar um interior que fosse suportável para pessoas cultivadas. Pintamos todas as paredes e cartazes de branco. Cobrimos as cadeiras rebentadas de um material decente; descobrimos tapetes e os estendemos nos corredores que bordejavam a sala, de modo a amortecerem o som dos passos que haveriam de interferir na representação. Tiramos as cortinas imundas das portas e das paredes; lavamos as janelas e pintamos os caixilhos, penduramos cortinas de tule e cobrimos o que havia de pior nos cantos com loureiros e flores, dando uma aparência algo aconchegante ao auditório.

De outro lado, o elenco dedica-se com a intensidade já descrita aos ensaios de *Czar Fiódor*. Mas os problemas da interpretação não são os únicos que a montagem tem a vencer. A expressão verbal e a gestual acham-se intrinsecamente ligadas agora, enquanto linguagem dramática, à composição cênica. E nesse particular, assim como no da qualidade visual, as exigências de Stanislávski são de um teor nunca visto. Com efeito, o trágico destino do sucessor legítimo de Ivan, o Terrível, o jovem Fiódor, frágil e delicado, sem fibra suficiente para manter o cetro e enfrentar as intrigas dos boiardos e a férrea vontade de Bóris Gudonov na sua ambição de poder, é motivo para uma reconstituição precisa, pormenorizada, requintada, quase museológica, da Rússia antiga. À rubrica "A ação se passa em Moscou do século XVI", o *metteur en scène* responde com uma expedição às cidades russas que se inscrevem nessa época. Ele, o assistente de direção, o cenógrafo, uma *costumière*, vários atores entre os quais Maria Lilina vão a Iaroslavl, Rostov, Iaroslavski e outras localidades. Em Rostov, estudam o Kremlin local com seus palácios e catedrais e, impelidos pelo "puro desejo teatral de colher tanto quanto possível daquela atmosfera"[45], resolveram passar a noite no Palácio Branco.

45. *Idem*, p. 231.

Na escuridão da noite, com apenas frouxa luz de vela nos cantos, ouvimos de repente passos nas lajes do assoalho. A porta baixa da câmara de Ivan, o Terrível, abriu-se e um vulto de alta estatura, em roupas monásticas, curvou--se muito, para entrar pela passagem. Por fim, o vulto conseguiu transpor o vão da porta e ergueu-se em toda a sua altura. Reconhecemos um de nossos companheiros. Sua aparição foi inesperada, e de súbito nos pareceu respirar o próprio ar da austera antigüidade russa. Quando o nosso companheiro, trajado de vestimentas de museu, estava passando pelo longo corredor sobre o arco dos antigos portões e sua vela brilhava nas janelas, lançando a sua volta sombras ameaçadoras, parecia que o fantasma do Terrível Czar caminhava pelo palácio[46].

Procuram também a sua figura à luz do dia, nas poltronas, nos bordados, nos tecidos, nos tapetes e nos objetos que esquadrinham, no bimbalhar dos "famosos sinos" que tocam especialmente para eles como sugestão da música e do ritmo do passado a ser revivido. De Rostov seguem para Iaroslavl, depois percorrem o Volga, comprando peliças, samarras, diademas, panos tártaros. Na feira de Nijni-Novgorod, descobrem armaduras, brocados, conchas, vasilhames de madeira que lembram o gosto moscovita do século XVI. Além disso, na sua busca "do mais típico de uma época... Esse segredo, esse *je ne sais quoi* do costume"[47]são levados a consultar todos os livros a respeito, estudar todas as gravuras, as roupagens monásticas e eclesiásticas e outros itens de museu"[48], a percorrer antiquários, aldeias de pescadores e camponeses, comprando peças de vestuário antigo e popular, e a pesquisar as coleções de objetos históricos, pedindo, inclusive, o empréstimo de trajes e jóias genuínas.

O sentido dessa pesquisa febril não oferece maior dificuldade de compreensão, pelo menos à primeira vista. Mas convém acautelar-se contra certo simplismo interpretativo, que tem sido fonte de muitas reduções deformadoras e tem empobrecido, a ponto de converter em desenho esquemático e máscara conceitual, uma personalidade artística rica e complexa como é a de Stanislávski. De fato, não há dúvida que esse labor descomunal de investigação, que parece até

46. *Idem, ibidem.*
47. *Idem*, p. 230.
48. *Idem, ibidem.*

Cartaz da estreia anunciando Czar Fiódor Ioânovitch *e o repertório da primeira temporada do teatro de Stanislávski e Dântchenko, 1898.*

Czar Fiódor Ioânovitch, *de A. Tolstói. Esboço e anotações de Stanislávski com elementos de época colhido nos museus: o sino de ouro sobre uma bandeja para chamar os criados; bota de couro verde forrada de couro amarelo com pequenos saltos ferrados, solas guarnecidas de cravos e um pingente.*

Czar Fiódor Ioânovitch. *Último Ato, diante da catedral que era representada apenas pelo pórtico, 1898.*

ditado por certo esnobismo perfeccionista e chega a carregar-se para nós, hoje em dia, de uma espécie de travo de bizarria, trilhava a estrada aberta pelo duque-encenador alemão na sua procura absolutista do espetáculo "real" e – não sem a conhecida mudança das práticas tomadas aos Meininger, segundo a qual Stanislávski começou a substituir nos cenários e nos acessórios a "coisa" pela "mancha", a reprodução pela sugestão – destinava-se a dar de um modo verista o ambiente histórico. Mas, ao lado do espírito historicista e do desejo de fundamentar científica e realisticamente a objetividade da construção teatral, cabe enxergar em todo esse esforço a ação de mais um fator não menos esporeante – o gosto pelo travestimento e pela máscara, pelo jogo lúdico do parecer ser e do ser parecer, que durante toda a vida acompanhou o mestre do "método", que sempre renovou o seu enfeitiçamento pela vida do palco e que ele não se cansou de converter em atuação de *persona*, em face "outra", em expressão cênica, em teatralidade. E na verdade foi esse aspecto, por sua manifestação mais imediatamente sensível e comunicável, a da espetacularidade, do visual teatral, que mais impressionou o público. Este passou a ver nela a característica da nova companhia, sem atentar por vezes para aspectos não menos importantes e talvez mais intrínsecos.

Cumpre admitir, porém, pelo que consta das reações preservadas, que os que foram ao Hermitage naquela quarta-feira, 14 de outubro de 1898, às sete e meia da noite, para a estréia do Teatro de Arte de Moscou e de seu primeiro espetáculo, *Czar Fiódor Ioânovitch*, sentiram que estavam assistindo não apenas a uma peça histórica, mas também a uma histórica peça. E a primeira fala de André Schuíski, "Nesta empresa eu deposito uma firme esperança", soou como "altamente sintomática e profética"[49]. Logo se confirmaria: ali começava uma nova era no teatro russo.

O quadro era de um luxo e uma riqueza de detalhes sem paralelo até então na cena moscovita. Os espectadores mal podiam crer que se encontravam no teatro, não só devido à exatidão da réplica da Catedral de Archangel ou dos aposen-

49. *Idem*, p. 245.

tos do Czar no Kremlin – tão semelhantes aos originais que os atores tinham de curvar-se quando passavam pelas portas baixas que levavam para fora do palco – mas igualmente pela audácia das soluções cenográficas, como a do teto do palácio Schuíski que compunha uma perspectiva de Moscou, e de um gênero de *loggia*, onde os atores apareciam a meio corpo, porque a balaustrada lhes ocultava os pés. Nesses cenários, desenvolvidos por Stanislávski e Símov segundo princípios integrativos e que já diferiam bastante dos procedimentos de onde haviam se originado, os boiardos entravam em grandioso cortejo de dignitários, com as longas e majestosas barbas, dispostos segundo o grau das prioridades hierárquicas, caminhando solenemente e compondo iconicamente, no seu hieratismo, o *gestus* social que representavam. Num ritmo quase de balé asiático, tártaro, persignavam-se com enfatuados ademanes diante da cruz, curvavam-se perante o Czar e a Czarina, realizando os veneráveis ritos e as reverências cerimoniais moscovitas. Suas roupas, os altos gorros, os cafetãs dourados, com dois metros e meio de cauda, as jóias e armas eram todas quase peças raras de museu, o mobiliário compunha-se de autênticos objetos de época e os conjuntos pareciam saídos de estampas coloridas de mestres antigos. Um verdadeiro festim em estilo flamengo, com imensas travessas de carne de ganso, porco e boi, com frutas, verduras, pipas de vinho, reunia os boiardos descontentes:

[...] Os convidados ligeiramente embriagados; a anfitriã, a formosa Princesa Mstislavskaia que passeava entre os hóspedes com uma enorme copa de vinho na mão; o rumor de discussões alegres e sérias, e depois a longa fila dos signatários do apelo – tudo isso era novo e inusitado na época em que montamos pela primeira vez a peça[50].

Outras cenas de massa, como as da ponte sobre o Rio Iauza, com barcaças passando por baixo e mujiques, monges, arqueiros, uma multidão burburinhante de "figuras em trajes antigos das províncias da Rússia Central"[51] a remoinhar em cima, enquanto à entrada da ponte um menestrel cego

---

50. *Idem*, p. 246.
51. *Idem, ibidem.*

entoava uma canção escrita especialmente, a partir de velhas melodias, pelo compositor Grechaninov[52], também formavam verdadeiros quadros de época, da periferia moscovita do século XVI e das camadas populares que apoiavam Schuíski, potenciando dramaticamente, não só a cena em que o herói era preso por ordem de Bóris Gudonov, mas, do mesmo modo, o significado histórico-nacional dessa prisão e execução.

Era uma linguagem cênica que procurava presentificar de pronto o universo-objeto, ou sua sugestão, por encantação plástica projetada como "real", graças às "artes" de um virtuosismo diretorial a exibir-se à solta, por paradoxal que isso possa parecer. A verdade histórica também foi levada à entonação e dicção, e a maquilagem obedeceu ao ditame da naturalidade, lei suprema da encenação stanislávskiana de então, a qual ainda aqui, em meio a toda essa ostentosa plasmação visual, manteve uma linha de interpretação simples e fiel ao intento de "re-produzir" a vida real. Se, a despeito de tudo, a ação dos intérpretes acabou sendo amortecida até certo ponto pelo aparato decorativo e pela *féerie* teatral, segundo afirmam certos críticos do espetáculo, o desequilíbrio não chegou a afetar a qualidade do desempenho de Ivan Móskvin como Fiódor, de Olga Kníper, como Irina, mulher do Czar, e de Vischnévski, na figura de Bóris Gudonov, atores cujo trabalho os mesmos críticos são unânimes em elogiar e que teriam contribuído muito para sustentar a qualidade dramática da representação, em que pese o excesso de *mise en scène*.

O peso de tais restrições, entretanto, não é suficiente para invalidar a imagem que a maior parte da crítica testemunhal e histórica e diferentes registros de espectadores qualificados nos transmitiram acerca da encenação no seu todo. Imagem de integração entre elementos materiais e intérpretes, entre os próprios intérpretes, ela se desenha plenamente nas linhas de um comentarista da época, que compara a jovem companhia a uma orquestra sinfônica, capaz de todas as nuanças em suas execuções: "Nesse jogo coletivo onde cada um ajuda o outro

---

52. *Idem, ibidem.*

– um por todos, todos por um – nesse jogo harmonioso reside a força do teatro"[53].

Se aquela *première* deixou a marca de originalidade teatral, isto se deveu a uma "organização de espetáculo inteiramente submetida a um mestre de obra, único mestre a bordo, criador de uma obra múltipla na qual cada componente humano ou material precisava fundir-se", diz Claudine Amiard Chevrel[54]. Mas em e com o principal motor dessa realização cênica, a conjunção orgânica entre direção individual e trabalho de equipe, Stanislávski estabelecia as bases de algo que ia muito além de uma produção diferenciada, porém particular. Com efeito, no *Czar Fiódor Ioânovitch* a encenação moderna começava a captar o espírito e o nervo da criatividade teatral, abrindo caminho para um efetivo renascimento do teatro.

O triunfo obtido[55] foi, apesar das importantes inovações que o alicerçavam, o do aspecto talvez menos inovador do Teatro de Arte de Moscou. O naturalismo histórico-arqueológico apresentou-se com o brilho e o poder impressivo que a nova *mise en scène* lhe ensejava, tanto mais quanto explorada por um singular engenho para os efeitos de montagem, como era o de Konstantin Alexêiev. Porém, uma crítica mais aprofundada, que somente o correr do tempo e uma definição mais precisa das tendências do TAM tenham talvez tornado possível, poderia perceber que, em essência, tratava-se de um conjunto de procedimentos promissores, mas que ainda não haviam deitado os seus melhores frutos, e de estilizações deslumbrantes cujas *trouvailles*, no entanto, não engendravam por si nenhum estilo original ou forma nova de teatro. De fato, como já se ressaltou antes, a lição dos Meininger era aí seguida quase à risca, com a variante, de grande importância sem dúvida, de que o espírito de pura organização externa

53. S. Vassilev, em *Moskovskie vedomosti*, 19 de outubro de 1898. C. A. Chevrel, *Le Théâtre Artistique de Moscou*, p. 193.

54. *Idem, ibidem.*

55. As demais peças previstas para essa primeira temporada não corresponderam às expectativas despertadas pela estréia, com exceção da peça de Tchékhov, *A Gaivota*.

Júlio César, *de Shakespeare, planta do campo de batalha de Filipes. Desenho de Símov. Dois tipos de desníveis estão aí previstos: 1. rochedos; 2. escadas.*

Júlio César, *de Shakespeare. O campo de batalha da planta anterior na cena do espetáculo.*

Júlio César, *de Shakespeare, Primeiro Ato,* croquis *de Nemírovitch-Dântchenko, que foi o encenador da peça, 1903.*

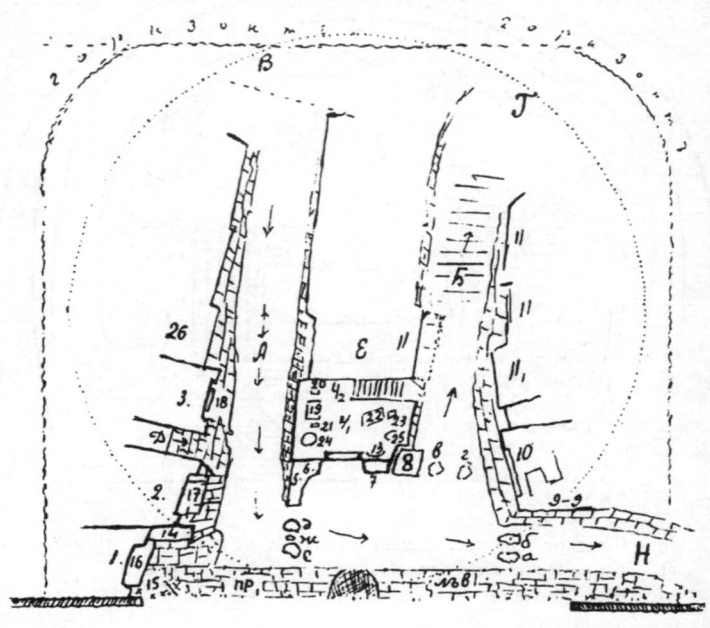

Júlio César, *de Shakespeare. Assassinato de César. Como se pode ver, cada figurante em cena, isto é, cada senador reage com uma postura e uma expressão pessoais diante do assassinato que se consuma.*

dos elementos dramáticos, de seu ajuste composicional como uma espécie de exposição de "visuais", começava a ser substituído por um *daimon* mais organicista, de integração interior da expressão cênica. A arte da *mise en scène*, embora continuasse a ser uma sucessão de truques para embasbacar a platéia com seus "exteriores", suas "aparências" de realidade, era tentada, contraditoriamente, pela magia demiúrgica, e o prestidigitador-encenador estava ficando "encantado" fausticamente com sua tentativa de criar por dentro, como o real natural, a naturalidade teatral.

Essas considerações não devem ficar circunscritas ao espetáculo de estréia do elenco de Stanislávski e Dântchenko, pois o que despontou no *Czar Fiódor* teve prosseguimento imediato e posteriormente longa descendência no próprio grupo moscovita ou em seu círculo de influência. Assim, cumpre estendê-las, por sua pertinência, à apresentação de *Ivan, o Terrível*, de Alexêi K. Tolstói, dirigida por Stanislávski e Sanin, na temporada seguinte, em 1899, e de *Júlio César*, de Shakespeare, que foi ao palco em 1903, sob a direção de Nemírovitch-Dântchenko, espetáculo que constitui, provavelmente, o ápice, em termos de preparo[56], e quiçá a exaustão, em termos de resultados – e não apenas pelo fracasso de público – das possibilidades mais criativas da proposta detalhista e suntuária na encenação de peças históricas no TAM.

Contudo, o atrativo pela *mise en scène* das dramatizações inspiradas nos fastos do passado liga-se, do ponto de vista das tendências polarizadas e das fascinações recorrentes mais marcantes do criador cênico do TAM, não apenas ao chamado naturalista ou às manipulações do teatro do diretor. Envolve igualmente a atualização de um outro apelo, que se exprimiria de uma forma mais caracterizada naquilo que Stanislávski chamou de "linha do fantástico"[57]. A denominação epigrafa, na verdade, um repertório bastante diversificado, incluindo obras dramáticas de diferentes filiações ou definições estéticas, mas que têm em comum o fato de serem passíveis – aos olhos do *régisseur* russo – de uma elaboração mais ou menos livre

56. V. nota 41.
57. *My Life in Art*, p. 252.

pela imaginação plasmadora da representação teatral. Se, no caso dos textos com forte ancoragem em acontecimentos e figuras da História, essa via era relativamente limitada pela própria natureza dos elementos neles tematizados[58], e vimos como o naturalismo histórico-arqueológico procurou satisfazer suas imposições, o mesmo não sucedia com o drama de feição simbolista ou de textura realista rarefeita ou, mais especialmente ainda, com as peças folclorísticas. Embora Stanislávski pretenda que "É atraente inventar algo que nunca aconteceu na vida, mas que é não obstante uma verdade que vive nos homens e nas nações"[59], o certo é que, acima de tudo, a fantasia teatral podia nesse terreno trabalhar com maior desenvoltura poética, descarregando a invenção encenadora do pesado lastro verista. Daí a sedução inebriante que Stanislávski sentiu então, e sentiria repetidas vezes depois, pela "linha do fantástico" – "uma taça de chamapanha espumante", que de tempo em tempo era preciso tomar, como recomendava a cançoneta francesa citada a propósito[60]. É com o maior entusiasmo que o diretor do TAM rememora seu trabalho nessa "linha", dando particular relevo à encenação de A Donzela de Neve, de Ostróvski, realizada em 1900, com a colaboração de Sanin.

Mas se Stanislávski se deixa levar por um momento pelos "espíritos" da soltura imaginativa, nem por isso permite que o embriaguem inteiramente. Preocupa-se, por exemplo, com a credibilidade do espetáculo. Para tornar o fantástico aceitável, estende-lhe com discreta harmonia e sutileza psicológica o apoio de elementos realistas, que devem moderá-lo e impedi-lo de cair na pura extravagância teatral. Assim, o grotesco Avô Gelo aparece em cena acompanhado de um "naturalíssimo" urso pardo; os habitantes do reino imaginário trazem as pernas protegidas por botas altas e afundam na neve, quando caminham de volta às aldeias, depois de terem queimado ritualmente a imagem de palha de Schrovetide, a Deusa do Inverno; o Rei

58. O fato de haverem existido ou ocorrido um dia, realmente, projeta do passado para o presente uma sombra confinadora.

59. Idem, ibidem.

60. "De temps en temps il faut/Prendre un verre de Cliquot", isto é, "De tempos em tempos é preciso/Tomar uma taça de Cliquot".

Berendei, seus ministros e áulicos, todos eles figurações míticas, são apresentados no segundo ato como criaturas comuns a executar toda sorte de tarefas corriqueiras.

A constante remessa ao verossímil é uma parte apenas do processo de "credibilização", pois este, mesmo numa fantasia teatral, como é *A Donzela de Neve*, tem, para Stanislávski, uma outra fonte também, mais segura e mais profunda – a "verdade" interior que habita toda ficção "realmente" artística, por extravagante que seja ou pareça ser. Trata-se de algo ligado não apenas à sua forma, estrutura e valores propriamente estéticos ou à poética que preside à sua fatura, mas ao núcleo humano que lhe dá sentido efetivo, isto é, às "verdades", tanto psicológicas, quanto sócio-históricas, às experiências do indivíduo e do grupo, que vivificam e se cristalizam em toda criação de arte e particularmente na dramática. Aprendê-las e revelá-las é, pois, para o diretor do TAM, essencial para fazer a obra "crível". Não é por outra razão que nessa encenação da *féerie* ostrovskiana o seu realizador se lança em busca do cerne da peça, como base de uma montagem verazmente fantástica.

A via etnográfica será explorada com vista à tipicidade folclorística e, por seu intermédio, através da "cultura" e seu *ethos* étnico, da datação de suas características e sua evolução, à expressividade histórica e seu significado na formação de uma consciência de grupo e de etnia. Daí o encaminhamento épico-histórico dado ao espetáculo que uma visão fortemente medievalizante convertia numa espécie de *epos* nacional. A inflexão era marcadamente do diretor, pois o texto de Ostróvski, embora contendo elementos dessa natureza ou a ela assimiláveis com facilidade, não o obrigava, por si, de modo imperativo, a essa abordagem carregadamente historicizada, podendo ser objeto de um jogo cênico-poético menos compromissado com o referimento etno-cronológico do universo representado, mais solto no "maravilhoso" e nas indeterminações que seus reflexos ofuscantes provocam. É claro que a maneira como Stanislávski apresentou a peça não redundou em defeito. Pelo contrário, pode-se dizer, sem incorrer em contradição, que a montagem foi, no seu âmbito, exemplar e serviu, uma vez mais, para evidenciar quão entranhado era o vínculo de seu realizador com um teatro da "realidade", de uma realidade profunda, onde a imaginação também tem sua parte.

Uma conseqüência ainda mais imediata desse tipo de envolvimento do TAM, que assume em *A Donzela de Neve* a forma de um naturalismo folclórico, é o que caberia chamar de naturalismo social. O grupo moscovita fez dele um de seus focos de atuação, que Stanislávski consigna como sendo "a linha político-social" de seu teatro[61].

Por certo, já a ênfase especial concedida ao temário da história e à sua teatralização adequada, com o espírito "natural" da época, traduzia um interesse, entre outras coisas, pela exposição dramática da sociedade russa e de sua dinâmica nacional. Mas a verdade é que, desde o início, o Teatro de Arte de Moscou proclamou o seu empenho em retratar cenicamente os problemas sociais da vida contemporânea, como meio de contribuir para o seu conhecimento e solução e de elevar e educar em todos os sentidos o público e o povo. Daí a inclusão em seu repertório de obras dramáticas engajadas; na crítica à sociedade e no protesto contra sua ordem e valores, na conscientização para a necessidade de reformas e transformações institucionais e políticas. Seus autores estavam no centro das discussões e dos movimentos reivindicatórios que se propagavam pelo mundo europeu e que tinham no palco teatral um de seus veículos privilegiados de comunicação. Hauptmann era o dramaturgo de *Os Tecelões* e suas preocupações de natureza social aparecem até nos seus dramas simbolistas daquela época. Íbsen, além de *Um Inimigo do Povo*[62], era o autor de várias peças que abordavam

61.   *My Life in Art*, pp. 292-309.
62.   Ao rememorar essa montagem, que dirigiu com V. V. Lujki e na qual interpretou com grande êxito o papel de Dr. Stockman, Stanislávski observa: "A imagem do Dr. Stockman tornou-se popular em Moscou e especialmente em S. Petersburgo. Existiam também razões para isso. Naqueles dias de intranqüilidade política – antes da primeira revolução – o sentimento de protesto era muito forte na sociedade. As pessoas almejavam por um herói que pudesse dizer arrojadamente a verdade ao governo. Havia demanda de uma peça revolucionária e *Um Inimigo do Povo* foi convertido nessa peça [...]. Encenamo-la em S. Petersburgo no dia do notório massacre da Praça Kazanskaia. A média dos espectadores aquela noite era da *intelligentsia* [...]

questões cruciais, do ponto de vista da estrutura e dos padrões, das relações e das aspirações sociais predominantes nesse fim do século XIX e início do século XX. Isto, para citar dois teatrólogos ocidentais cujas obras cênicas suscitaram a mais viva reação nesse domínio, deixando no público um rastilho rumoroso de debates inflamados e às vezes até de escândalo. Mas, se se examinarem os nomes russos levados à ribalta stanislavskiana, ver-se-á não ser acaso a presença de Turguêniev, Tolstói, Ostróvski e do próprio Tchékhov. Afora a qualidade de seus textos e de uma ligação tendencial com a cena realista, cada um deles representava, a seu modo, aspectos e formulações do processo de questionamento social e político que vinha se desenrolando no império do Czar e pondo em xeque o seu edifício. Assim, por mais que possa parecer, para uns, fruto da amizade com Tchékhov e, para outros, efeito de uma evolução político-ideológica do TAM, a estréia de Górki nesse palco, em 1902, com *Os Pequenos Burgueses*, não foge tanto a uma certa coerência programática[63], estando até mesmo em sua lógica, pelo menos quando vista *aprés coup* e como expressão de um teatro da *intelligentsia*, embora os estímulos diretos, que acabaram atualizando o que estava em germe, fossem externos e contextuais, como se lê em *Minha Vida na Arte*:

A intranqüilidade geral e a revolução fermentante trouxeram ao nosso teatro uma série de peças que espelhavam os sentimentos, descontentamento, protestos políticos e sociais, e os sonhos de um herói que falaria audazmente a verdade[64].

o auditório estava muitíssimo excitado e reagia às mais ligeiras alusões à liberdade, a cada palavra de protesto de Stockman*. A representação assumiu um caráter político [...]. Peças e espetáculos que podem levantar a opinião pública e evocar tal êxtase adquirem significação político-social e têm o direito de ser alinhadas entre as nossas montagens dessa linha". *My Life in Art*, pp. 294-295. [*Acerca do estado de espírito reinante, leia-se também o testemunho de Meierhold, em carta de 18.4.1901, dirigida a Tchékhov, em *Écrits...*, t. I, pp. 63-64.]

63. "Quando fundamos o Teatro de Arte de Moscou, propusemo-nos não apenas metas artísticas mas também sociais [...]", *Stanislavsky'Legacy*, p. 128.

64. Cf. *My Life in Art*, p. 297.

Cena do Segundo Ato da Donzela de Neve, *de A. Ostróvski, 1900.*

A Donzela de Neve, *Primeiro Ato. Nesta* mise en scène *de Stanislávski, 1900, pode-se constatar o cuidado que o diretor tomar com a recomposição das vestimentas, cuja riqueza lembra a de uma autêntica exposição de artes e tradições populares.*

Dr. Stockman de Um Inimigo do Povo, *de H. Íbsen, na fixação da personagem representada por Stanislávski, que o escultor S. Subdínin fez uma estatueta de bronze, 1900.*

Um Inimigo do Povo, *de H. Íbsen. Quarto Ato. Desenho de A. Liubímov, 1901.*

Stanislávski, sua mulher Maria Lilina, e M. Górki, 1900.

Cartaz para a première *no TAM, de* No Fundo, *de M. Górki, 1902.*

Entretanto, não obstante a importância do fato, que se constituiria em uma das feições caracterizadoras da companhia e de sua contribuição histórica, sendo mesmo a origem da avaliação que acabou transformando-a, no período stalinista, no Teatro Górki e não no Teatro Tchékhov, como seria de justiça, segundo parece – ainda assim, a abertura cênica do TAM para a encenação de uma dramaturgia de "compromisso" ou "participação" político-social, que culminaria naquela fase (1902) com a hoje "clássica" realização de *No Fundo*, (*Ralé*, na inadequada tradução brasileira do título), de M. Górki, era uma evolução que não desviava o elenco moscovita do eixo principal de sua proposta artística.

Efetivamente, com seus móveis importados da Noruega tanto para a montagem de *Hedda Gabler* quanto para a de *Um Inimigo do Povo*, com seus utensílios autênticos das isbás e das casas provincianas russas, quer para *O Poder das Trevas*, quer para *Os Pequenos Burgueses*, com suas togas e túnicas romanas para *Júlio César* e seus sapatos furados e andrajos russos para *No Fundo*, seus interiores miseráveis ou suntuosos fielmente copiados dos pardieiros modernos ou dos museus de antigüidades, Stanislávski e Nemírovitch-Dântchenko mantinham-se aparentemente dentro de um naturalismo rigoroso na *mise en scène*. A tal ponto que, no Teatro de Arte de Moscou, no dizer málicioso de seus críticos, a representação de uma cena noturna ao ar livre era tão real que ninguém enxergava nada e, se o texto previa o canto de rouxinóis, quem estivesse na platéia não conseguia ouvir outra coisa no tablado. O tratamento de todos os pormenores era meticuloso, aplicando-se à sua reprodução uma habilidade inventiva invulgar. Os efeitos de som, por exemplo, tornaram-se proverbiais pela exatidão com que refaziam o farfalhar das árvores, o zumbir dos insetos, o estalar dos galhos, o rumor da floresta, o tinir dos copos, garfos e facas na mesa de refeição, bem como todo o tipo de sonoridades sutis e misteriosas que compõem as músicas do silêncio.

A mímese realista era, portanto, levada ao extremo. E o seu ideal era nada menos do que a réplica perfeita, ou quase. Mas, e é preciso acrescentá-lo sem tardança, não apenas dos exteriores. Estes, já nos primeiros passos do TAM, foram tidos como o lado de fora de um tecido teatral cuja face interna requeria igual esmero do urdimento da representação fiel. O mundo da interioridade das personagens e de suas relações intersubjetivas, quer dizer, as disposições e os climas anímicos que ponteiam as ações e situações dramáticas, deveriam ser objeto de uma reprodução minuciosa e veraz que a costumeira interpretação em grande parte apenas "apresentacional" não era capaz de efetuar. Para que lograssem concretizar-se em desempenho cênico persuasivo enquanto reposição do real nele referido, havia necessidade de recriá-los ao nível da experiência sensível do ator, de suas emoções e sentimentos pessoais. Mobilizando-os de maneira adequada, o intérprete podia realizar um verdadeiro "milagre criativo"[65], pelo qual "as palavras e as ações de outrem se tornavam as suas [...]"[66]. Essa mímese interior, antes mesmo que Stanislávski chegasse a desenvolver em toda a extensão suas concepções sobre o trabalho do comediante e a metodizar sua psicotécnica para a produção do papel, foi se convertendo na pedra de toque da interpretação realista em sua *troupe* e, ao mesmo tempo, no traço diferenciador que, entre outros efeitos, a conduziu para além do esgarçado verismo psicológico vigente no teatro ocidental.

Na verdade, o Teatro de Arte de Moscou, sob a direção de Stanislávski e Dântchenko, não se limitou a travar a batalha naturalista dentro dos lineamentos traçados pelos paladinos dessa corrente no oeste-europeu. Desde logo, a largueza de seu escopo programático e a intensidade de sua busca de renovação cênica pareciam transcender os limites do movimento e da proposta que vinha dos palcos do Ocidente. Uma originalidade embrionária repontava em toda encenação do grupo, nessa fase inicial de sua existência. Mas foi sem dúvida o encontro com a dramaturgia de Tchékhov que possibilitou a sua inteira manifestação, a qual acabou sendo também, por força do intimismo do "estado d'alma", a de um "teatro de atmosfera" a superar – por remessas impressionistas e simbolistas, mas acima de tudo pela busca da "vida interna" – a linguagem cênica do naturalismo *stricto sensu*[67].

65. *My Life in Art*, p. 266.
66. *Idem, ibidem.*
67. Sem renunciar à "fatia de vida" como parâmetro principal, Kons-tantin Alexêiev designa a corrente e a abordagem em cujo âmbito o TAM se

Por volta de 1898, Anton Tchékhov granjeara grande popularidade na Rússia com seus contos e novelas, encontrando-se então em plena maturidade criativa no campo da narrativa ficcional. No teatro, entretanto, colhera resultados bastante magros, muito embora a cena o seduzisse desde muito cedo e esse seu interesse, quer pela forma dramática, quer pela análise crítica do teatro, já se tivesse manifestado repetidas vezes em seus escritos[68].

Aos vinte anos, entre 1880 e 1881, compusera a primeira peça, a chamada "peça sem título", às vezes designada pelo nome de seu protagonista, *Platonov*, texto que só veio a ser publicado em 1923. Continha ele figuras e motivos desenvolvidos ulteriormente pelo teatrólogo, mas não ia além do tradicional e do convencional quanto ao tratamento do material e não indicava qualidade dramatúrgica nem possibilidade cênica impositivas. Cerca de três anos mais tarde, dramatizando um de seus relatos, *No Outono*, escreveu uma peça de um ato, *Na Estrada Real*, onde uma taverna de beira de caminho serve de cenário para que algumas figuras de viajantes, entre os quais dois estradeiros[69], armem, com as histórias que narram e as situações que provocam, uma série de quadros do "drama da vida", num clima que não deixa de lembrar a atmosfera psicoteatral da produção dramática mais representativa de Tchékhov. Antes, porém, de chegar a ela, o autor de *A Gaivota* elaborou vários textos de um ato, de estilo cômico patético ou do gênero "vaudevillesco", pelo qual demonstrou repetidamente forte gosto. Dentre eles, figura *O Canto do Cisne*, "estudo dramático" onde um velho ator de província que fica sozinho numa sala de espetáculos

move como sendo a de um "naturalismo espiritual". Cf *Stanislavsky's Legacy*, p. 129.

68. Ettore Lo Gatto, em sua *Storia del Teatro Russo*, observa, contestando a idéia de que a relação de Tchékhov com o teatro se estabelecera casualmente: "É um fato que desde seus primeiros artigos, *feuilletons*, recensões e contos humorísticos, Tchékhov teve no âmbito de seu amplo horizonte fenômenos teatrais diversos: o repertório, o modo de recitar dos atores, a encenação, o destino dos teatros, a existência do mundo teatral" (*op. cit.*, v. II, p. 3).

69. Um deles é a personagem central, e ambos prefiguram com vigor a galeria gorkiana dos "vagabundos".

No Fundo, *de M. Górki. Primeiro Ato, cenário do albergue ainda hoje utilizado em muitas apresentações da peça.*

No Fundo, *de M. Górki. Quarto Ato: Satin, o bêbado, filosofa (Stanislávski); Nástia (Olga Kniper); o Barão (Katchálov); o Tártaro (V. Vischnévski).*

Outras cenas de No Fundo, *de M. Górki, 1902.*

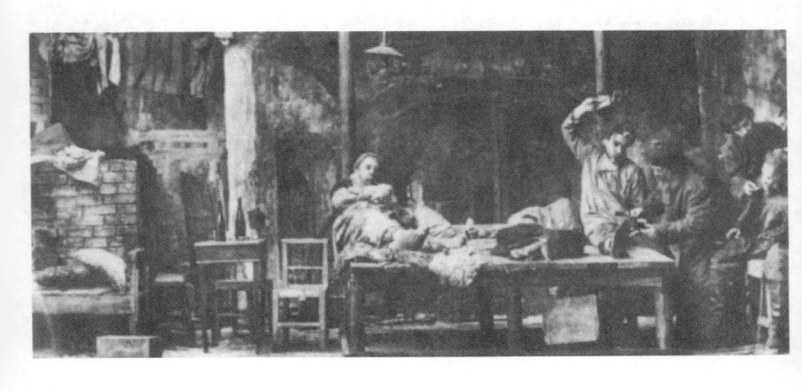

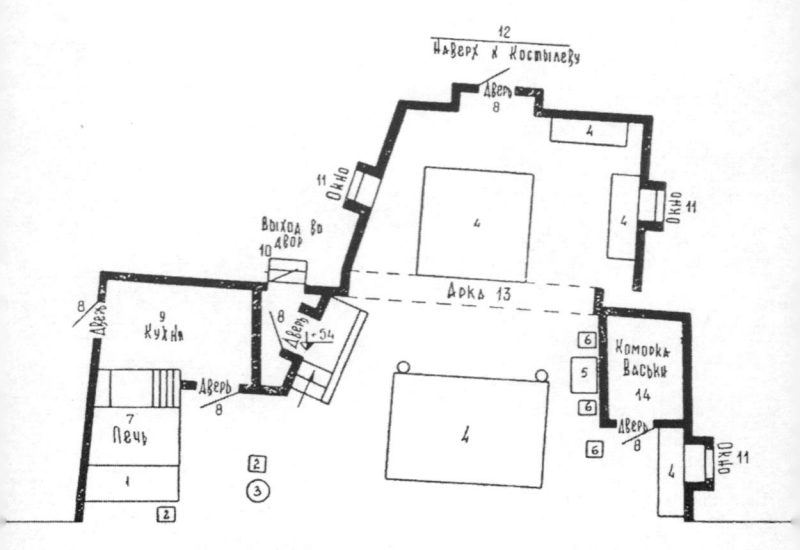

No Fundo, *de M. Górki (*mise en scène *de Konstantin Stanislávski e V. Nemírovitch-Dântchenko, 1902). Desenho de V. Símov. 1. cama de Ana; 2. tamborete; 3. bigorna; 4. cama de tábuas; 5. mesa; 6. cadeiras; 7. fogareiro; 8. porta; 9. cozinha; 10. saída para o pátio; 11. janela; 12. direção para os aposentos de Kostílev; 13. arco; 14. toca de Vaska.*

A. Tchékhov com os atores do TAM, 1899.

vazia, por ter bebido demais e depois adormecido em seu camarim, monologa primeiro e depois dialoga com um velho ponto, reinvocando a sua vida de comediante nos tablados provincianos; *Sobre o Malefício do Fumo*, monólogo de veia gogoliana, em que a desventurada personagem, forçada pela mulher a dar uma conferência acerca dos efeitos nefastos do tabagismo, divaga sobre as tribulações da existência. Vários outros *humoresques* ou "vaudevilles", como *O Urso, Um Pedido de Casamento*, foram redigidos entre 1888 e 1892. Em todos, o elemento farsesco é utilizado com mestria para fixar e expor a tragicomédia das criaturas à luz de suas vaidades e de suas tolices. A primeira composição de maior extensão e alento dramatúrgicos na criação teatral de Tchékhov foi *Ivánov*, que data de 1888. Do ano seguinte, 1889, proveio *O Demônio da Floresta*, versão inicial do que veio a tornar-se, anos depois, *Tio Vânia*.

Em *Ivánov*, peça que gira em torno de uma personagem que já apresenta elementos do chamado anti-herói tchekhoviano, embora esse não alcance aí plena configuração, surge o *esquisse* do homem ocioso e supérfluo, cuja ação constitui uma constante reiteração da inação ou, antes, da incapacidade de agir. Não se trata, no entanto, apenas de análise das tensões e embates psico-existenciais, das angústias e absurdos que medram à sombra das situações do homem a braços consigo e com sua condição, mas igualmente de pintura psicossocial[70] de aspectos da vida coletiva no tempo de Tchékhov e, mais especificamente, de um setor da sociedade russa da época, o da *intelligentsia* – pelo menos foi como, não só a exegese literária posterior, mas o espectador russo de então, também ele em boa parte pertencente a essa mesma camada, a entendeu, vendo na peça e em Ivánov, esse indivíduo prematuramente

---

70. "Ivánov e Lyov apresentam-se em minha imaginação como pessoas vivas. Afianço-lhe, com toda a consciência, que esses homens não nasceram em minha cabeça por acidente, nem de espuma do mar ou de idéias 'intelectuais' pré-concebidas. Eles são o resultado da observação e do estudo da vida. Eles permanecem em meu cérebro e eu sinto que não falsifiquei a verdade nem a exagerei em nada [...]", escreve Tchékhov a A. S. Suvorin, 30 de dezembro de 1888 (*Letters*, p. 141).

envelhecido, esse intelectual entediado e desiludido, um desenho realista.

Não obstante, é de consenso crítico que *Ivánov* revela ainda, quanto à sua construção, estar a meio caminho entre a que era então usual na peça realista de costumes ou na *tranche de vie* naturalista e a que seria considerada como tipicamente "tchekhoviana". A ação, por exemplo, permanece demasiado centralizada na figura principal. Como conseqüência, produz-se uma certa "heroificação" da personagem, o que aliás acaba sendo encarecido pelo final do enredo. Pois o suicídio de Ivánov retroprojeta sobre a economia da peça uma carga dramática especial. É um gesto que parece "natural", na medida em que resolve a negatividade básica do caráter e os conflitos de existência que desencadeia, mas nem por isso deixa de beirar o melodramático, mesmo dentro dos padrões do drama adotados então pelo autor, e tanto mais quanto a peripécia se destina, aparentemente, a fechar uma significação, uma quase "moral" da história...

Por outro lado, deve-se considerar que, já em *Ivánov*, "Tchékhov evitou quase inteiramente indicar de modo direto, nas palavras das personagens, os motivos de suas ações, reforçando com isso o oculto jogo psicológico"[71]. Essa "psicologização" forma, por sua vez, o canal por onde corre o fluxo subjetivante que invade a trama, as situações, os conflitos e os atos dramáticos, insulando-os, por exemplo, na ordem das causas motoras, do arbítrio e vontade de seus supostos agentes-protagonistas, deixando-os, por assim dizer, à deriva na periferia de seus centros de emanação, ou seja, numa palavra, "atmosferizando-os".

A presença desse efeito é sensível em *Ivánov*. Como outros que irão distinguir a escritura tchekhoviana na dramaturgia e destilar suas qualidades específicas, ele está intimamente relacionado com a pena do contista e suas técnicas. De fato, os meios que lhe haviam possibilitado, em poucos traços, com fatos banais e incidentes corriqueiros, a criação de um conjunto de histórias densas e ricas pela força dramática dos quadros e pela verdade humana das figuras,

---

71. Ettore Lo Gatto, *Storia del Teatro Russo*, vol. 11, p. 11.

também podem ser entrevistos operando nessa peça, com um resultado original que irá pronunciar-se a seguir nos trabalhos de Tchékhov para a cena. Em essência, é um tratamento épico-narrativo. Intervalos e pausas, detalhes significativos, tom lírico da conversação, articulação solta do diálogo, sem seqüência lógica nem encadeamento causal rígidos, situações apresentadas como revelações psicológicas são alguns dos recursos que se configuram em *Ivánov* e cuja contrapartida é facilmente detectável na obra contística do teatrólogo. No entanto, essas características, que são as de um estilo e procedimento[72] renovadores das formas do drama e da linguagem teatral modernas, só viriam de fato a ser realçadas em outubro de 1904, três meses após a morte do escritor, quando o Teatro de Arte de Moscou, já então de posse dos instrumentos cênico-artísticos para explorar as profundezas do mundo dramático tchekhoviano, resolveu remontar o texto.

Na primeira apresentação da peça, em 1887, no Teatro Korsch de Moscou, e dois anos depois, numa segunda versão encenada pelo Teatro Alexandrínski de S. Petersburgo, *Ivánov* alcançara certa repercussão. Mas o público, a crítica e, talvez, acima de tudo, o próprio teatro, a julgar pelas reações registradas na época e pelos reparos de Tchékhov sobre as insuficiências da encenação e da interpretação[73], ainda não haviam amadurecido o bastante para receber a obra com a devida compreensão.

Do ângulo puramente teatral, é lícito relacionar a morna acolhida dispensada a *Ivánov*, nas duas apresentações citadas acima, ao que aconteceu, na mesma época, em 1889, com outra criação dramática do mesmo autor, *O Demônio da Floresta* ou *O Silvano*. Levada num teatro particular de Moscou por M. Abramova, depois de ter sido recusada pelo Comitê Literário Teatral dos teatros imperiais, sob a alegação de se tratar "de uma novela magnificamente dramatizada e não de

---

72. O texto tchekhoviano estrutura-se, via de regra, com o emprego de escassos elementos de denotação armados, por implicação aberta mas não aleatória, numa espessa rede conotativa de subtexto.
73. Cf. *Letters*, "Ivánov", pp. 129-145.

um drama"[74], o texto redundou num espetáculo pouquíssimo convincente, que foi motivo de toda espécie de restrições críticas. Comentando, em seu livro de memórias, a encenação, Nemírovitch-Dântchenko afirma haver saído do espetáculo com o sentimento de que faltara coordenação entre "a concepção lírica" do texto e uma "expressão cênica" onde tudo vinha do "palco familiar", isto é, o das práticas correntes[75]. O desacordo notado conduz ao próprio nó da questão, envolvendo não só a diferença entre um realismo chão e um naturalismo profundo, mas também a originalidade e a novidade que dormitavam na dramaturgia tchekhoviana e que a representação teatral teria de captar e exprimir cenicamente, se quisesse encená-la devidamente.

Com efeito, embora nessa obra o intuito moralizante, aqui ainda mais declarado do que em *Ivánov*, prejudique visivelmente a manifestação de um elemento característico das melhores peças de Tchékhov, ou seja, a extraordinária capacidade de ocultar o sentido, deixando ao leitor e/ou espectador a tarefa de chegar às conclusões, a figura central, Mikhail Khruschev, que mais tarde se tornará Astrov em *Tio Vânia*, é objeto de um tratamento impressionista. Pintura dramática feita como que por manchas de coloração, sem traços de contorno muito nítidos, ela se compõe através dos claros abertos que são verdadeiros campos de sugestão. Soma-se-lhe, em aparente contradição, mas, na verdade, em autêntica complementação, o detalhe naturalista. Tomado na teia rotineira em que o homem vai se enredando imperceptivelmente no exercício de sua vida cotidiana, o fato comum

---

74. Ettore Lo Gatto, *op. cit.*, p. 13. Parte da expressão é reproduzida por Tchékhov em sua correspondência, onde escreve: "Um jornal de S. Petersburgo anuncia que minha peça foi considerada uma 'novela magnificamente dramatizada'. Muito agradável [...]", *ed. cit.*, pp. 126-127. E sua decepção deve ter sido tanto maior quanto um mês antes, em carta de 30 de setembro de 1889, ao mesmo correspondente, A. N. Pleshscheiev, dizia em tom quase exultante: "Imagine, estou escrevendo uma longa comédia, e de uma sentada só escrevi dois atos e meio. Depois de terminar um conto, a gente trabalha numa comédia com facilidade. As personagens são boas, inteiras, e razoavelmente agradáveis; e o final é feliz. O tom prevalecente é vivo, lírico. A peça chama-se *O Demônio da Floresta*", em *Letters*, pp. 125-126.
75. Cf. *My Life in the Russian Theatre*, p. 35.

O Poder das Trevas, *de L. Tolstói, 1902. Segundo Ato, Cena 2. Vê-se,
no fundo, o cenário da isbá em telão pintado.*

M. Górki com o elenco do TAM, quando da encenação de Os
Pequenos Burgueses, *1902.*

O Poder das Trevas, *de L. Tolstói. Quarto Ato, Cena 12. O desempenho nesta cena do crime apresenta-se marcado por um forte traço melodramático.*

converte-se no signo trágico do *fatum* inexorável que envolve a existência humana e abisma na facticidade o seu possível sentido pessoal e coletivo, os seus eventuais valores significativos. "Os homens apenas jantam, jantam apenas, e nesse momento a sua sorte é decidida e suas vidas são destruídas", diz Tchékhov[76]. Captar essa música em tom menor na qual ressoam surdamente, por contraponto, as notas altas de uma lancinante dança macabra despojada de qualquer langor romântico ou alusão simbolista, constituía em *O Demônio da Floresta* um problema que certamente não era só o do mero talento e da sensibilidade na arte da representação vigente. Além de meios de trabalho cênico mais aperfeiçoados e sutis, o que por sua vez envolvia toda uma postura diferente com respeito ao teatro e ao modo de realizá-lo, demandava um outro espírito[77]. A interpretação, seja em termos de *mise en scène*, seja nos do desempenho, não o havia, porém, captado ainda, e não entendia muito bem o *daimon* que vibrava em *O Silvano*, como tampouco o compreenderia em *A Gaivota*, por ocasião de sua estréia.

76. *Russian Theater*, Marc Slonim, p. 121. Essa fonte, entretanto, estampa o famoso *dictum* tchekhoviano, numa redação incisiva, mas incompleta. Graças a Boris Schnaiderman, pudemos obter a íntegra. O texto não é do punho do autor e sim do testemunho de G. Ars, em suas *Reminiscências sobre A. P. Tchékhov*, publicadas numa coletânea intitulada *Teatro e Arte*, 1904, e, coincidindo com a "Introdução" de Elisaveta Fen à sua própria tradução de *Three Plays* de Tchékhov, p. 18, lê-se nele: "Que no palco tudo seja tão complexo, e no entretanto, tão simples como na vida. As pessoas jantam, não fazem mais que jantar, e durante esse tempo se constrói sua felicidade e se destroçam suas vidas".

77. A esse propósito, a melhor ilustração que se pode dar da situação cênica então reinante talvez aflore na paródia que Tchékhov fez de uma peça alemã, adaptada para o russo por K. Tarnovski, sob o título de *Os Puros e os Leprosos*, e encenada pelo Novo Teatro Dramático, inaugurado em 1883, por M. V. Lentovski, um ator e diretor especializado em melodramas e peças feéricas. Satirizando seu repertório e seus procedimentos cênicos (estes seriam revalorizados por Meierhold e pela vanguarda teatral soviética dos anos 20), bem como o tom teatral da época e o sentido de uma possível reforma, o jovem contista – tinha vinte e três anos então – compôs a caricatura dramática que chamou *Os Trágicos Impuros e os Dramaturgos Leprosos* (v. Apêndice pp.151-156).

Um dos protagonistas de *A Gaivota*, o jovem Trépliov observa, no diálogo com Sorin, seu tio, logo no início do primeiro ato, "[...] o teatro contemporâneo é apenas uma tacanha rotina, apenas preconceito [...]. Ele precisa de novas formas" [...][78]. Pode-se ver nessa crítica da velha cena e pregação de sua reforma uma referência às aspirações a uma renovação teatral e, em especial, ao emergente movimento simbolista russo. É claro que, ridicularizada pela mãe de Trépliov, uma atriz conhecida, que na peça encarna também, com seu amante Trigórin, as formas batidas, peremptas, de vida e de arte, a nova tendência surge na caracterização tchekhoviana, pelo menos àquela altura, como uma retórica e um maneirismo sem sentido, com os quais se copiam arroubos poéticos "decadentistas". Mas não há dúvida que a rejeição dos velhos moldes gastos e a busca de nova expressão dramática, capaz de dar livre curso aos sentimentos em sua multiformidade, são sinceras, traduzindo em certa medida indagações e aspirações do próprio Tchékhov[79], que, aliás, pontuam o texto e são reiteradas no último ato, quando o mesmo Trépliov declara:

> Tenho falado muito sobre novas formas, mas sinto que eu mesmo estou escorregando numa rodeira [...]. De fato, cada vez mais chego à conclusão que não se trata de um problema de novas e velhas formas, mas daquilo que um homem escreve sem pensar em quaisquer formas, que escreve porque lhe vem livremente ao coração [...][80].

78. "The Seagull", Ato I, in *Twentieth Century Russian Plays*, p. 31.
79. "A esses elementos conjuntos e particulares que revolucionaram realmente a tradição dramatúrgica e cênica do teatro russo, cabe acrescentar, como característica específica de *A Gaivota*, o lugar, posto em relevo por todos os estudiosos do referido drama, que Tchékhov deu aí à enunciação teórica dos problemas que ele havia procurado resolver, tornando-o com certeza um manifesto dos princípios estéticos através da boca dos dois heróis Konstantin (Trépliov) e Trigórin", nota Ettore Lo Gatto, em sua *Storia del Teatro Russo*, p. 18, e algumas linhas abaixo acrescenta: "[...] Desse ponto de vista parece também justa a observação do mais recente estudioso da dramaturgia tchekhoviana, V. Ermilov, segundo o qual *A Gaivota* foi possivelmente a mais pessoal de todas as obras de Tchékhov, a única dedicada diretamente ao tema da arte [...]", *ibidem*.
80. "The Seagull", *ed. cit.*, Ato IV, p. 77. É interessante chamar a atenção, a propósito dessas "novas formas", para o fato de que o já citado (v. p. 83) Comitê Literário Teatral, no parecer sobre *A Gaivota*, enumerou entre

Se é possível perceber nessas palavras uma farpa contra os novos formálismos e esteticismos, vale ressaltar que o jovem personagem, ao proferi-las, não está emitindo a condenação de uma certa corrente literária ou concepção estética, mas, sim, de uma certa existência, a sua, e de seu modo de existir. Ele é um indivíduo que se sente fracassado em seu viver, quer no amor quer na criação artística. É um dos retratos do homem supérfluo na galeria tchekhoviana dos incapazes de resistir e lutar, de abrir caminho para a realização de seus ideais e a auto-realização de suas vidas. O seu suicídio tampouco é uma iniciativa, porém uma conseqüência de um processo de enervamento em que perde Nina e o poder efetivo de criação (não o de exprimir-se com arte e nem mesmo o de conseguir um certo sucesso de moda). O peso do malogro também onera as demais personagens, inclusive Trigórin. Espécie de "duplo" de Trépliov[81] ou de desdobramento deste sob a forma de uma "projeção" numa outra *persona* dramática, tampouco crê em si próprio, na força de seus dotes e, por isso mesmo, entrega-se tão passivamente à própria desintegração. Melancolia e derrota tecem a atmosfera da peça, tanto mais quanto a mesquinhez, a debilidade e a falsidade corrompem todos os valores do existir humano, desde o amor até a arte. A vida se reduz a uma série de gestos e palavras banais e vazias que as pessoas trocam entre si, sem na realidade intercambiar nada, a não ser a sua própria vacuidade. Sombras de si mesmas, são fantasmas despojados de toda substância de algum modo positiva e efetivamente vital, até mesmo de um aceno mais próximo de esperança, que se toma um fio nostálgico de um sonho de beleza e liberdade a flutuar inacessível na distância, sem que algo o conecte à vida dos protagonistas e lhes permita alentá-la. Eles sufocam em sua inocuidade, assim como os seus protótipos, que eram seus espectadores...

os seus defeitos "o 'simbolismo' ou, antes, o 'ibsenismo' [...]". *The Seagull produced by Stanislavsky*, Introd. de S. D. Balukhaty, p. 13.
81. Há quem veja na reunião dos dois um auto-retrato de Tchékhov. É o caso de Sophie Laffitte que afirma: "Em *A Gaivota*, ele se pinta ao mesmo tempo sob as feições de Trigórin, o romancista bem-sucedido, e de Trépliov, o jovem dramaturgo revolucionário", in *Tchekhov par lui-même*, p. 94.

O título do drama é simbólico, e na gaivota se configura obviamente a vida de Nina, mas também a de Trépliov. Ambos, queremos crer, têm seus destinos subitamente truncados no seu curso de realização. Mas o jovem também é o caçador, cujo tiro cruel e sem outro propósito abate a ave em seu vôo, no episódio que ocorre no segundo ato[82], e cuja ação explícita é prosseguida implicitamente em outra caçada, cega como a primeira, desenvolvida por seu "duplo" dramático, Trigórin. De qualquer maneira, mesmo tomado isoladamente, Trépliov faz o papel, ao mesmo tempo, de algoz fatídico da "gaivota" e da vítima por ela simbolizada. Poder-se-ia ainda generalizar um pouco mais o simbolismo em questão, interpretando-o como o repentino corte numa "vida que, com suas aspirações, se lançou em vôo rumo a ideais apenas entrevistos"[83]. Mas a peça encerra igualmente, em suas incrustrações simbolizantes, alusões e imagens bem mais sutis. Combina-as com a insistência tipicamente tchekhoviana nos detalhes e nos rituais do costumeiro e do cotidiano, os quais semeiam em volta das personagens um contexto de atos e objetos alienadores, uma rede que remete os sujeitos a si próprios e reduz suas relações dialógicas a meros monólogos, nos quais cada personagem mal ouve o que lhe diz o seu interlocutor, ficando entregue à voz interior de seus próprios pensamentos. Mais do que um tecido de meias palavras subentendidas e frases sussurradas, trata-se, entretanto, de ações indiretas, que ocorrem no reverso da peça, enquanto o verso se apresenta estático, por assim dizer – nada ocorre nele exceto o acúmulo de tensões que se armam em conflitos profundamente trágicos no plano da própria obra, onde vige, quando não a morte por suicídio, uma condenação fatídica por processo de estiolamento, por paralisação da vontade de atuar. Mas, nem essas ações, como o suicídio, onde as figuras agem diretamente, mesmo se contra si mesmas, são apresentadas no palco. Assim, em momento algum materializa-se em cena, não pelo relato, mas por encarnação cênica, o caso de Nina com Trigórin, as desventuras e humilhações de sua tentativa de realizar-se como atriz, o

82. "The Seagull", *ed. cit.*, p. 49.
83. Ettore Lo Gatto, *op. cit.*, p. 17.

suicídio de Trépliov e outras fabulações do mesmo gênero, epicamente deferidas. É verdade que o recurso não constitui efetivamente uma novidade, pois os tragediógrafos gregos já recorriam a mensageiros e videntes, assim como os autores clássicos franceses manipulavam *raisonneurs*, para introduzir acontecimentos ocorridos fora de cena como fatores de evolução dramática. Mas no caso de Tchékhov, o procedimento deixa de ser auxiliar para tornar-se fundamental. A inversão ao modo predominante de desenvolver a ação chega a tal ponto que a curva dramática vai atingir os níveis de clímax em eventos que se situam fora do espaço e mesmo do tempo das *dramatis personae*. Tudo é feito a fim de comunicar pela inação, pela imobilização efetiva da personagem (isto é, do suposto herói, que por sua própria inoperância se desfaz em anti-herói), mosca apanhada na teia, o sentimento de uma trágica fatalidade a pesar sobre o destino humano, e isso em termos de indivíduos e não de grandes conjuntos (daí a via da sugestão lírica e do estado de ânimo).

Em 1896, *A Gaivota* foi montada pelo Teatro Alexandrínski de S. Petersburgo, mas a interpretação convencional da peça levou a um fiasco tão retumbante que o público ria ou bocejava[84]. Um espírito maldoso chegou a observar que a gaivota se estatelara no chão com estrépito, ou que Tchékhov produzira um pato morto em vez de uma gaivota. Até parecia que Lenski, um apreciador de Tchékhov e de sua obra de contista, estivera com a razão quando, tendo recebido o texto para se manifestar

---

84. Nas memórias de Dântchenko o incidente é assim descrito: "A peça malogrou miseravelmente. É um dos raros fracassos da história do teatro. Desde o primeiro ato, havia falta de qualquer *relação* entre o público e o palco; não havia clima. As falas mais poéticas eram recebidas com riso. O magnífico solilóquio de Nina: '– Homens – leões, águias e perdizes...' soou aos ouvidos do público como uma curiosidade tediosa. À medida que a peça progredia, os espectadores trocavam olhares, encolhiam os ombros e permaneciam mudos quando a cortina baixava; durante os intervalos assobiavam e trocavam palavras maliciosas. E quando, pouco antes da conclusão, no final dramático, depois do tiro disparado por trás dos cenários – o suicídio de Trépliov – Dorin, a fim de evitar a assustada Arkádina, diz: – Não é nada, não é nada! A garrafa de éter estourou! – O público irrompeu em apupos", *op. cit.*, pp. 63-64.

a seu respeito como homem de teatro, julgara-se no dever de advertir o autor de *A Gaivota*:

Você bem sabe em que alta conta tenho o seu talento e quão profundo é o meu afeto por você. Mas, precisamente por isso, sou compelido a falar-lhe com franqueza. Aí vai o meu conselho, dos mais amigos: Pare de escrever para o teatro. Isso não é coisa para você[85].

O próprio Tchékhov alimentava desde o início muitas dúvidas sobre as qualidades desse texto em particular e as capacidades teatrais de seu autor em geral. Por exemplo, reiterando o que exprimira a um outro correspondente[86], comenta ele em carta, de 21 de novembro de 1895, a seu amigo Suvorin[87]:

Bem, terminei a peça. Eu a comecei *forte* e acabei *pianissimo* – ao contrário de todas as regras da arte dramática. Virou uma novela. Estou mais insatisfeito do que satisfeito com ela e, relendo minha criação recém-nascida, sinto-me mais convencido do que nunca de que não sou dramaturgo. Os atos são muito curtos. São quatro ao todo. Embora seja por ora apenas o esqueleto de uma peça, um plano que será alterado um milhão de vezes até a próxima

85. *Idem*, p. 59.
86. "A E. M. Sch..., Melikhovo, nov. de 1895: Terminei minha peça; o título é *A Gaivota*. Não saiu de modo algum como eu esperava. No todo, sou um dramaturgo fraco", in *Letters*, ed. *cit*., p. 146.
87. Essa amizade, que causava espécie nos meios intelectuais avançados, por ser Suvorin porta-voz da reação e do anti-semitismo russos, é assim comentada por Nemírovitch-Dântchenko: "[...] Eram estranhas relações. Suvorin era dono do mais influente e mais popular jornal da Rússia, o *Novoie Vremia* (Novos Tempos), do qual Tchékhov não gostava e no qual não tinha vontade de colaborar. Somente uma vez, por um período curto, cedeu à persuasão e publicou aí dois ou três *feuilletons*, embora sob pseudônimo. Mas achava-se em excelentes termos com Suvorin e seus familiares. Suvorin estava realmente apaixonado pelos dotes literários de Tchékhov. Os dois mantinham extensa correspondência; até viajavam juntos e, no transcurso dessas viagens, Tchékhov insistia escrupulosamente em pagar sua parte das despesas. É muito difícil definir a relação exata de Tchékhov com Suvorin. Aquele era sensível ao prodigioso talento jornalístico deste e a seus dons de organizador; afora o diário, que lhe dava uma renda imensa para aquele tempo, possuía a melhor casa editora da Rússia, que publicava os livros de Tchékhov em coleção à parte; ademais, tinha o seu próprio teatro. Mas Tchékhov comportava-se tão negativamente em face do teatro de Suvorin quanto diante de seu jornal". De qualquer modo, segundo Dântchenko, foi Suvorin, impressionado pela *A Gaivota*, quem conseguiu, graças à sua influência política, a montagem da peça no "Teatro Imperial", isto é, no Alexandrínski, *op. cit*., pp. 61-62.

temporada, mandei fazer duas cópias e vou lhe remeter uma; só lhe peço que não deixe ninguém mais lê-la...[88].

É claro que suas incertezas só podiam aumentar com o fracasso da apresentação e seu desengano chegou a tal grau que, respondendo a Dântchenko quando este lhe solicitou a permissão de encenar o texto em seu novo teatro[89], afirmou: "Nunca mais escreverei peças ou permitirei que sejam representadas, nem que eu viva até a idade de setecentos anos"[90].

Felizmente outra era a opinião de seu correspondente, um entusiasta da ficção e do teatro tchekhovianos que, mesmo na época, não tinha a menor dúvida sobre a riqueza de "realidade russa" e as possibilidades teatrais de *A Gaivota*[91]. Dântchenko empenhou-se com convicção a fim de modificar a negativa de Tchékhov e, ao cabo de várias cartas insistentes e de uma visita pessoal, logrou vencer sua relutância. Mas, para incluir a peça no programa da recém-fundada companhia, precisou também sobrepujar mais uma oposição, a de Stanislávski, com quem travou discussões acerbas sobre as virtudes dessa obra de Tchékhov. O próprio Konstantin Alexêiev relata que:

> Antes de tudo, Nemírovitch-Dântchenko começou por me persuadir, pois à primeira leitura também achei *A Gaivota* uma peça estranha. Meus ideais literários naquele período eram ainda um tanto primitivos. Nemírovitch-Dântchenko passou várias noites martelando na minha cabeça as belezas da obra de Tchékhov [...], quando ele falava de *A Gaivota* eu gostava. Mas assim que ficava sozinho com o texto entediava-me [...][92],

situação que Stanislávski mesmo, em outra passagem, resume assim:

> Para minha grande vergonha, devo confessar que não compreendia a peça. Somente no decorrer do trabalho, insensivelmente, é que fui me acostumando com ela e que, sem perceber, comecei a amá-la. Tal é a particularidade

88. *Letters, ed. cit.*, p. 146.
89. Cf. *My Life in the Russian Theatre, ed. cit.*, pp. 140-143.
90. *Idem*, p. 66.
91. A esse respeito é expressivo o incidente do Prêmio Griboiêdov, já relatado na p. 31.
92. *My Life in Art, ed. cit.*, pp. 238-239.

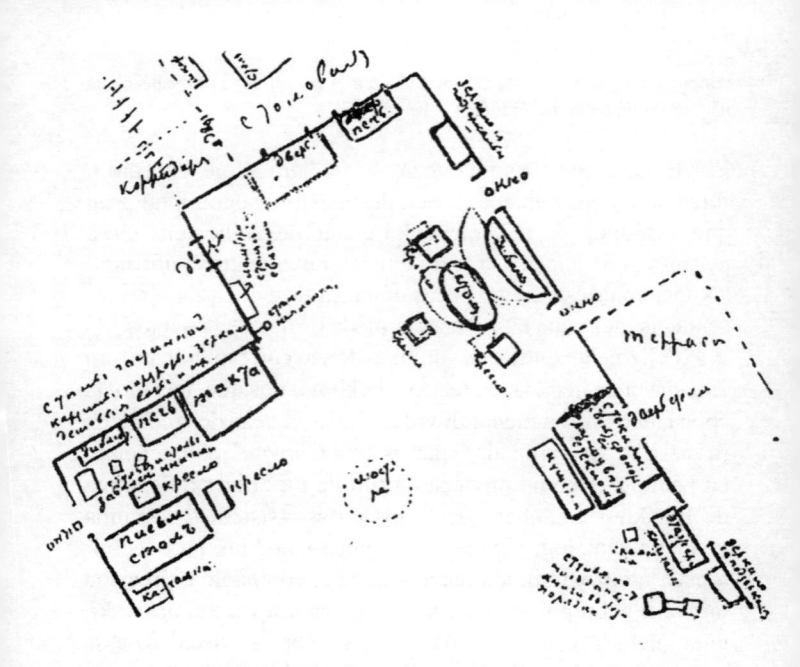

A Gaivota, *de Tchékhov. Acima: esboço de Stanislávski no caderno de direção; abaixo: planta de V. Símov.*
1. mesas; 2. poltronas; 3. cadeiras; 4. armários; 5. divã; 6. poltrona móvel; 7. pequeno banco; 8. aparador; 9. livros no chão; 10. valise; 11. estufa; 12. porta; 13. sala de jantar; 14. janela; 15. terraço; 16. tambor.

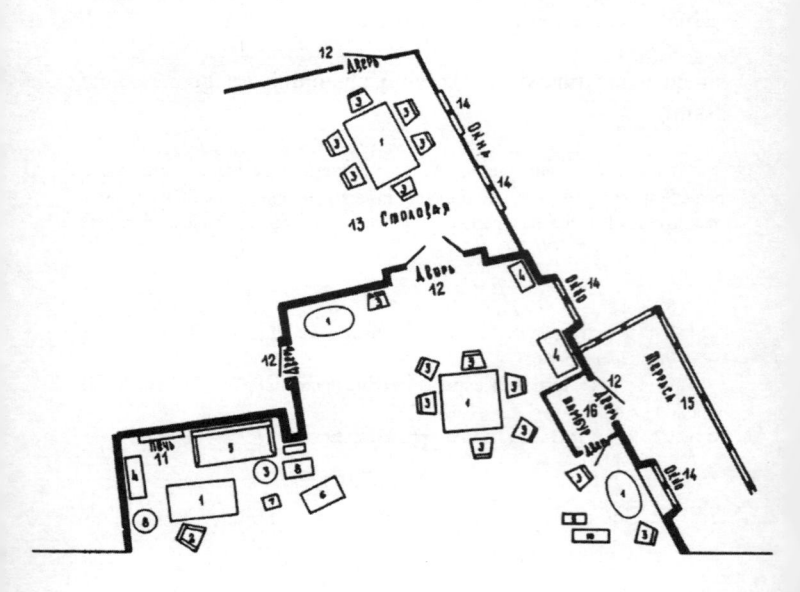

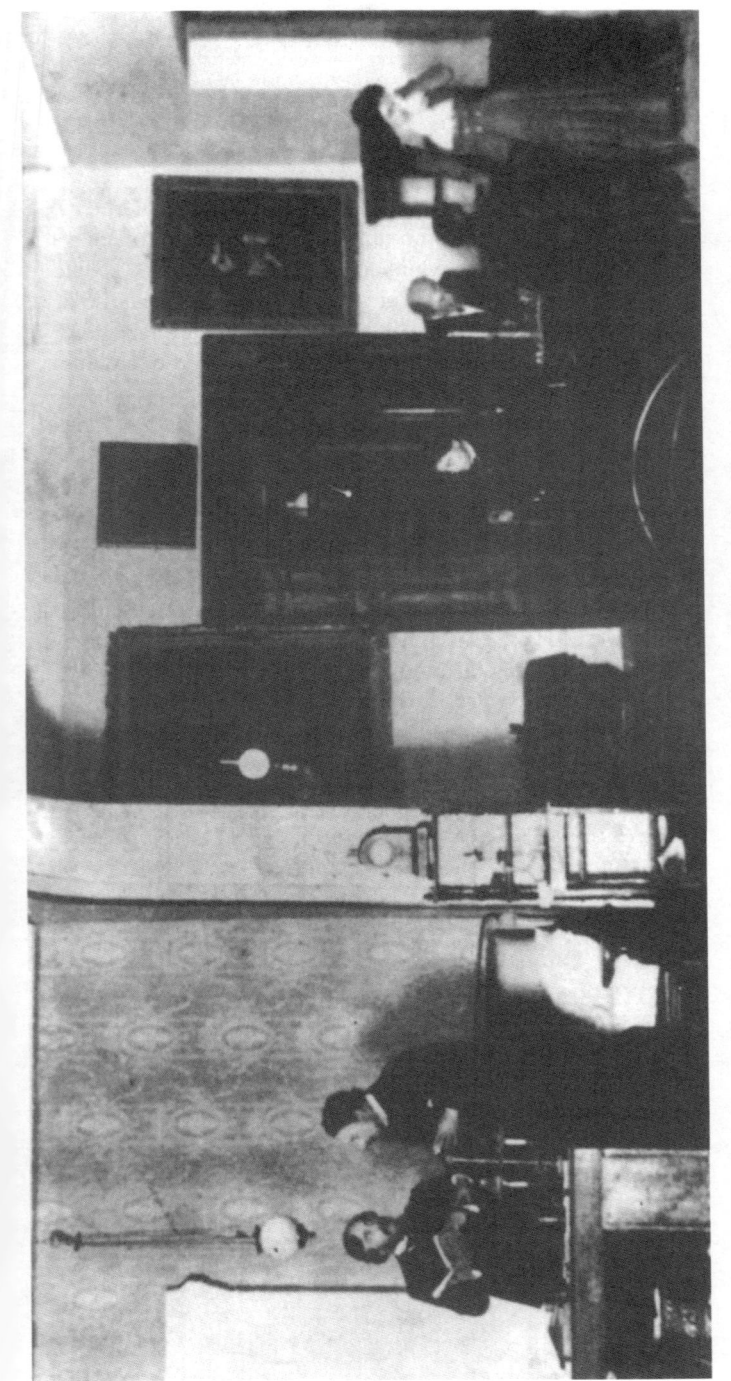

Cena final do espetáculo de A Gaivota. Encenação de Stanislávski e Dántchenko.

das peças de Tchékhov. Uma vez sob o encanto, sente-se a necessidade de aspirar o seu perfume[93].

No seu esforço, o co-diretor do Teatro de Arte de Moscou era movido, quer nos parecer, pelas seguintes considerações básicas: uma, por certo, decorria do fato de gostar particularmente do texto, tendo sido mesmo um dos que animaram o autor a escrevê-lo[94]; a outra, e de grande importância, devia-se ao fato de o TAM estar em busca, já no seu ponto de partida, não só de originalidade cênica, mas de uma especificidade de linguagem[95] a envolver no seu discurso, afora a linha da direção, a de um repertório tão intrínseco e característico quanto possível, sob o ângulo literário-dramatúrgico; e a última, *last but not least*, sobretudo com o êxito restrito das demais obras programadas para a primeira temporada, à exceção do *Czar Fiódor*, procedia do fato de a companhia precisar "[...] da montagem porque as coisas estavam em mau caminho e, para melhorar nossa posição material, cumpria encenar algo de novo [...]. Havia apenas seiscentos rublos em caixa [...]"[96]. O estímulo da necessidade econômica também era, como se constata, bastante incitador... Mas é evidente que, por si só, sem os outros dois fatores e, acima de tudo, o primeiro deles, não teria levado a nada. É merecimento incontestável de Dântchenko e de sua sensibilidade literária e

93. "Para Vl. I. Nemírovitch-Dântchenko. Melikhovo. 20 de novembro de 1896. Sim, minha *A Gaivota* foi um decidido fracasso em Petersburgo na primeira apresentação. O teatro estava cheio de raiva, o ar tenso de desdém. E eu – seguindo as leis da física – fui arremessado de Petersburgo feito uma bomba. Você e Sumbátov são culpados disso, pois me incitaram a escrever a peça", in *Letters...*, *ed. cit.*, p. 150.

94. "Para Vl. I. Nemírovitch-Dântchenko. Melikhovo. 20 de novembro de 1896. Sim, minha *A Gaivota* foi um decidido fracasso em Petersburgo na primeira apresentação. O teatro estava cheio de raiva, o ar tenso de desdém. E eu – seguindo as leis da física – fui arremessado de Petersburgo feito uma bomba. Você e Sumbátov são culpados disso, pois me incitaram a escrever a peça", in *Letters...*, *ed. cit.*, p. 150.

95. A unidade envolvida nessa linguagem só começou a ser vislumbrada quando o grupo, diz Konstantin Alexêiev, se convenceu "que era impossível separar *forma* de *conteúdo*, separar o aspecto literário, psicológico e social da peça, das imagens, *mises en scènes* e cenários que vão formar o todo artístico da montagem", *My Life in Art*, *ed. cit.*, p. 265.

96. *Idem*, p. 266.

teatral o ter percebido, naquele drama que já adernava sob o lastro de um grave malogro, "[...] os mais maravilhosos retratos da vida e da alma humana [...]", capazes de exercer "[...] o mais forte apelo possível à imaginação de uma platéia teatral, dada uma montagem competente, não banal, e extraordinariamente consciente [...]", a qual feita "[...] com talento espontâneo e livre de convencionalismo será um triunfo de arte"[97].

De uma carta de Dântchenko, de 31 de maio de 1896, verifica-se que a idéia inicial de como montar a peça e o plano primário da encenação pertenciam ao companheiro de Stanislávski. Mas, ao mesmo tempo, o trabalho concreto da encenação e o planejamento pormenorizado foram obra de Alexêiev, que naquele momento reunia a maior soma de experiência nessa espécie de labor preparatório de montagem[98].

Stanislávski escreveu, num "caderno de direção" minucioso e que ainda hoje é um exemplo, toda a *mise en scène*. Tudo estava ali registrado, como ele mesmo observa:

[...] como e onde; de que maneira cada papel individual e as rubricas do autor da peça deviam ser entendidas; que tipo de inflexão o ator havia de empregar; como devia mover-se e atuar; onde e como tinha de ir de uma parte do palco para outra. As diferentes *mises en scènes* foram objeto de esboços especiais: entradas, saídas e assim por diante. Eram dadas descrições detalhadas do cenário, vestimentas, maquilagem, gesto, andar, porte e hábitos das personagens etc.[99]

Não obstante, ele o fez em duas ou três semanas, em sua casa de campo, em Púschkino, onde se encontrava em férias. E, para maior espanto de seu colega de direção no Teatro de Arte de Moscou, que mal conseguira convencê-lo pouco antes das qualidades do texto tchekhoviano, mas cujas análises e formulações absorvera até o âmago, *malgré soi*, Stanislávski começou a mandar uma após outra suas "encenações", que primavam pelo desenvolvimento circunstanciado, mas também pelo caráter

[...] ousado, e muito dinâmico, de tal forma que uma platéia comum julgaria decerto muito incomum... Sua imaginação cênica o inspirou a descobrir as passagens mais eloqüentes da vida real. Com extraordinária rapidez, apreendeu os traços essenciais do enfado de um dia numa casa de campo,

97. *My Life in...*, ed. cit., p. 141, *The SeaGull at...*, ed. cit., p. 51.
98. Cf. *The SeaGull at...*, ed. cit., p. 53.
99. *Idem*, p. 55.

a irritabilidade semi-histérica das personagens na peça, as cenas de partida e chegada, e as noites de outono, e soube como preencher o movimento do ato com as coisas mais apropriadas e os detalhes mais característicos para as personagens... Esse foi um exemplo impressionante da criação intuitiva de Stanislávski como encenador[100].

Essencialmente três aspectos podem ser considerados fundamentais nesse "caderno de direção".

O primeiro é que Stanislávski, no seu contexto, não empreende a análise extensiva das personagens de Tchékhov, cingindo-se a raras e sumárias indicações sobre o que lhes ocorre na subjetividade e no pensamento. A sua preocupação principal está voltada para a aparência externa, atitude, gesto, expressão facial[101]. Contudo, o conjunto de traços assim postos

---

100. *Idem*, p. 55.

101. Para exemplificar esse tipo de marcação, basta transcrever a que acompanha, no final do Segundo Ato, a cena decisiva entre Nina e Trigórin: "56. Nina segura a cabeça com as duas mãos, enquanto Trigórin fica de olhos fitos cofiando a barba. Uma pausa de dez segundos. De repente ouve-se na distância a voz da srta. Arkádina. Ambos sobressaltam-se. Trigórin levanta-se. 57. Trigórin espreguiça-se, dá um profundo suspiro. Nina ergue-se devagar, como se fora no sono, e dirigindo-se para o fundo do palco à direita (da platéia), apóia-se na rede. 58. Trigórin protege os olhos contra o Sol. 59. Suspira de novo profundamente, tira o lenço, enxuga a fronte e começa a caminhar. (Esboço.) 60. Trigórin levanta a gaivota com dois dedos, uma asa, e imediatamente a joga no banco, enfastiado. 61. Trigórin senta-se no banco e tira o caderno de notas. Nina, que também torna a sentar-se, observa-o intensamente. 62. Uma pausa. Trigórin escreve. 63. Trigórin continua escrevendo enquanto fala. O rosto de Nina fica cada vez mais sério à medida que Trigórin prossegue escrevendo sua história. (Esboço.) 64. Uma pausa de dez segundos. Trigórin termina de escrever. Nina afaga a gaivota, está com o semblante toldado, quase sombrio. Ambos sobressaltam-se. Trigórin levanta-se. Nina cruza em direção do assento redondo junto à árvore (à esquerda da platéia). 65. Arkádina entra. 66. Arkádina dá com Nina, atira-lhe um olhar pesado através da *lorgnette*, pega Trigórin pelo braço e o leva embora, ainda fitando Nina. 67. Nina senta-se no banco com um olhar arrebatado na face. Trança as mãos por trás da cabeça e, apoiando-se na árvore, olha para o céu e diz com uma expressão de enlevo: 'Um sonho!' Uma pausa de dez segundos. /Durante a pausa final talvez não seja má idéia que a cortina sobre a plataforma comece a balançar violentamente e a bater na plataforma, como alusão ao que será mencionado no quarto ato. O perigo é que produza um efeito ridículo. Devemos tentá-lo?", in *The SeaGull...*, *ed. cit.*, pp. 205 a 207.

em relevo torna as criaturas cênicas perfeitamente coerentes e verossímeis, pressupondo uma exegese interior que o *régisseur* guarda para si e que os atores terão de descobrir por si, se quiserem preencher as figuras com adequação e levá-las a ações marcadas pelo caráter natural e espontâneo. Trata-se, é visível, de uma imposição de fora, mecânica e autoritária, procedimento que ainda é peculiar a Stanislávski nessa época de sua carreira, quando praticava um teatro puramente "diretorial", e que, em virtude das descobertas feitas no decurso da montagem de *A Gaivota* e das subseqüentes peças de Tchékhov, será abandonado em favor de concepções metodológicas opostas, que irão guiar o "sistema".

O segundo reparo a ser destacado, na proposta stanislavskiana, diz respeito ao uso dos silêncios, das pausas nos diálogos, com a duração cronométrica de cinco a quinze segundos, conforme o caso. Eles introduzem no texto em geral e no seu entrelaçamento de falas uma pulsação e, o que é mais importante, um ritmo e uma cadência com notáveis funções estruturantes. Por outro lado, permitem forrar de significação os pensamentos não verbalizados e introduzir, nos diálogos supostamente triviais e insignificantes, a semântica do "algo que está por trás", forçando, já por esta face, o ator a justificá-los de algum modo, como uma dinâmica interior e psicológica que lhe compete descobrir e ajustar, o que constitui um primeiro degrau na direção de um ponto básico da futura sistemática, o da justificação interna de todo ato de expressão cênica da interpretação.

O terceiro é um elemento de que Stanislávski lança mão com freqüência, também para guarnecer os claros abertos pelo silêncio, só que, agora, ele os recorta com recursos cenotécnicos de direção, sobretudo efeitos sonoros. Produz toda uma série complexa de ruídos naturais e os semeia na evolução das falas, pontuando-a assim com toques de ambientação e, com a ajuda de um uso requintado e tonal da iluminação, entretecendo-a numa "atmosfera". As gradações "climáticas" assim obtidas serão outra forma de composição de pausas ativas, tendo, além do mais, séria repercussão no jogo de correspondências sígnicas que materializam sensivelmente, através da "música" e do contraponto das "almas", o pesado universo das realidades do homem, no rigoroso e sutil registro tchekhoviano[102].

Os preparativos para montar *A Gaivota* começaram em agosto de 1898 e exigiram da companhia um grande esforço, tanto pelo que implicava em labor de encenação e desempenho quanto de cenografia e complementação técnica. A maior parte do trabalho de ensaiador coube a Dântchenko, que realizou 15 das 26 sessões; nove ficaram sob a responsabilidade de Stanislávski, duas foram efetuadas por Lujski, outro encenador do TAM, devendo-se contar o que foi ensaiado paralelamente pelo assistente de direção N. G. Alexandrov em dezenove sessões e os três ensaios gerais.

É fácil distinguir, através dos próprios números, o nível de participação do co-diretor do TAM nessa montagem. Na verdade, ele foi um fator decisivo nas definições que antecederam a fase da preparação efetiva e na cristalização do projeto, assim como na sua aplicação ao vivo na economia cênica e na linha interpretativa que resultou de todo esse processo de intercurso e integração. Contudo, o quadro dos agentes da realização não estaria completo se não se levasse na devida conta o papel do próprio Tchékhov. Não por suas intervenções diretas, embora elas tenham existido, e num grau nada desprezível, porém pela enorme responsabilidade que o parceiro de Stanislávski sentia perante o autor de *A Gaivota*. Isso tinha a ver naturalmente com as garantias que lhe dera quanto ao êxito da montagem e também, talvez, com o tipo de teatro que esperava objetivar através dela, no TAM.

Relatórios constantes sobre o desenvolvimento do trabalho eram enviados, principalmente por Dântchenko, ao autor da peça, que naquele tempo vivia perto de Moscou, em Melikhovo. Nos informes, além das análises do texto no curso das leituras, a especificação das linhas fundamentais do plano geral das encenações, figuravam as anotações sobre as vicissitudes dos ensaios e as conversas tidas com os atores e outros membros do Teatro de Arte, bem como as apreciações do missivista sobre os progressos da montagem. Talvez não seja excessivo reproduzir alguns trechos de tais registros, que

102. Cf. *The SeaGull...*, "O trabalho de Stanislávski em *A Gaivota*", *ed. cit.*, pp. 83 e ss., bem como *Le Théâtre Artistique de Moscou, ed. cit.*, pp. 224-226.

se encontram nas cartas enviadas por Nemírovitch-Dântchenko. Na primeira delas, escreve:

Já encetei as discussões e leituras de *A Gaivota*. Gostaria que me desse sua permissão para planejar o cenário de maneira diferente das suas rubricas no texto. Alexêiev e eu passamos dois dias trabalhando em *A Gaivota* e conseguimos resolver uma porção de problemas de um modo que nos ajudará extremamente a exprimir o estado de espírito (ou de ânimo, a "atmosfera")[103] da peça (que é tão importante!). Particularmente no primeiro ato. Em todo caso, pode estar tranqüilo que tudo será feito a fim de tornar a obra um sucesso./ Minha primeira conversa com os atores demorou mais de quatro horas – e isso, também, apenas com respeito aos primeiros atos (à parte dos problemas gerais). Pouco a pouco estou conseguindo despertar de tal forma o interesse deles que a conversa se torna viva e até excitante. Eu sempre começo a encenação de uma peça com uma conversa, de modo a assegurar que todos os atores tentem atingir um alvo só./ Encontrei por acaso Koni e cavaqueamos um bocado sobre *A Gaivota*. Estou confiante em que você não terá a mesma experiência que teve com a montagem de S. Petersburgo. Cuidarei da "reabilitação" dessa obra como um de meus maiores serviços à causa do drama (21 de agosto de 1898).

Três dias depois, Nemírovitch-Dântchenko torna a dirigir--se a Tchékhov, comentando o desenvolvimento dos preparativos para a montagem, a intensidade com que estavam sendo realizados, o entusiasmo crescente dos intérpretes e encenadores e as reações, profundas e ricas, que o texto provocava em todos.

Hoje tivemos duas leituras de *A Gaivota*. Se estivesse conosco, presente em espírito, bem, teria começado a escrever outra peça ali mesmo!/ Teria testemunhado um entusiasmo tão intenso, tão crescente, esforços tão profundos e cheios de idéias para se entender sua obra, interpretações tão interessantes e uma tal atmosfera de tensão geral, que ficaria apaixonado por si mesmo, apenas passando um dia conosco. Hoje, todos nós o amaríamos como nunca por causa de seu gênio, pela espantosa delicadeza e sensibilidade de sua alma. Continuamos planejando, experimentando os tons ou, antes, os semitons em que *A Gaivota* tem de ser representada, discutindo os meios cênicos pelos quais podemos tornar a platéia tão entusiasta acerca de sua criação quanto nós nos sentimos [...]./ Por favor, creia-me quando lhe digo que se o seu teatro jamais for capaz de manter-se sobre os seus próprios pés, então você, havendo já nos dado *A Gaivota*, *Tio Vânia* e *Ivánov*, terá de escrever outra peça para nós./ Nunca admirei seu gênio mais do que agora, depois de cavar fundo em sua obra (24 de agosto de 1898).

103. Esses aclaramentos entre parênteses não são do texto.

É natural, nessas condições, que Dântchenko estivesse particularmente ansioso para que Tchékhov assistisse aos ensaios de *A Gaivota*. Tal presença acabou por ocorrer em várias oportunidades, nos meses de setembro e outubro daquele ano, quando Tchékhov teve ocasião também de testemunhar os preparativos para o *Czar Fiódor*. O tom com que descreve os trabalhos do TAM na carta endereçada a Suvorin[104], em 8 de outubro de 1898, não deixa margem de dúvida sobre a sua impressão geral:

> Assisti ao ensaio de *Fiódor Ioânovitch* antes de minha partida de Moscou. Fui agradavelmente surpreendido com a atmosfera cultural do teatro e senti um sopro de verdadeira arte vindo do palco, embora os atores não fossem o que se poderia chamar de grandes [...].

Contudo, e apesar do que os realizadores provavelmente esperavam e ao que historicamente acabaram por fazer jus, no fim de contas, dada a entrega realmente religiosa e o afã renovador com que se haviam atirado à tarefa, a adesão de Tchékhov à linha da *mise en scène* e da interpretação não foi irrestrita. Desagradava-lhe a excessiva objetivação ou invenção cênica dos elementos que não constavam ou estavam aludidos no texto, o que redundava num detalhamento naturalista por demais acentuado para o seu gosto e para o seu estilo, onde o realismo até naturalista se mesclava amiúde com toques simbolistas e impressionistas[105]. Tinha também objeções a alguns desempenhos. As suas reservas podem ser depreendidas das notas tomadas por Meierhold em 1898, no seu diário, notas que publicou em 1907 e que registram a seguinte passagem:

> Anton Pavlovitch Tchékhov, que veio pela segunda vez a um ensaio de *A Gaivota* (11 de setembro de 1898) no Teatro de Arte de Moscou, ouve de um dos atores que no fundo da cena de *A Gaivota* rãs vão coaxar, grilos cricrilar e cães latir. – E por que isso, posso perguntar? indagou Anton Pavlovitch com uma voz de desagrado. – Será real – respondeu o ator. – Real

---

104. *Letters...*, ed. cit., p. 183.

105. "Às vezes ele (Tchékhov) é um *impressionista*, outras vezes um *simbolista*, quando é necessário é um realista e às vezes quase um realista", comenta Stanislávski in *My Life in Art*, ed. cit., p. 262.

A Gaivota. *Primeiro Ato. Trigórin (Stanislávski), Arkádina (Olga Kniper) e Mascha (Maria Lilina).*

A Gaivota. *Primeiro Ato. Cena do teatro no teatro.*

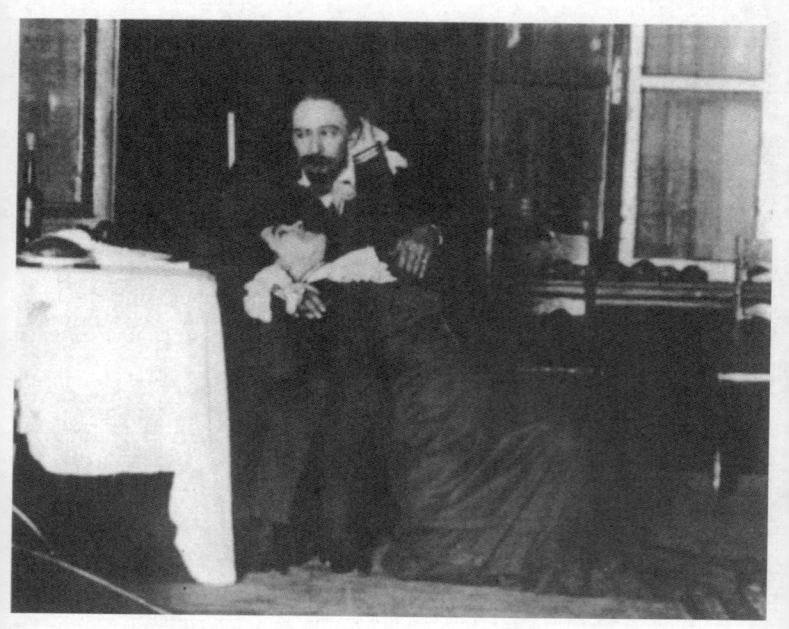

A Gaivota. *Terceiro Ato. Trigórin (Stanislávski) e Arkádina (Olga Kniper).*

– repetiu Tchékhov, começando a rir e, após uma ligeira pausa, acrescentou: – O palco é arte. Kramskoi pintou um quadro de *genre* no qual captou esplendidamente os semblantes. Suponha que tivesse cortado fora o nariz de um dos rostos e inserido outro real. O nariz seria "real" mas o quadro ficaria estragado. O palco – continuou Anton Pavlovitch – pressupõe uma convenção aceita. Não há aí quarta parede. Além do mais, o palco é arte, o palco reflete a quintessência da vida. Não se deve introduzir no palco nada que não seja essencial[106].

Não há como determinar com precisão qual o efeito das observações de Tchékhov, do tipo mencionado acima ou de outra natureza, sobre o desenvolvimento da encenação e a orientação final dos detalhes em que os diretores se fixaram. Aparentemente serviram para moderar sobretudo Stanislávski, especialmente afeito a tais recursos. Mas, de outro lado, tanto ele quanto Dântchenko estavam demasiado cônscios do encargo que haviam assumido e não menos convencidos da justeza do caminho artístico pelo qual tinham enveredado precisamente na *mise en scène* de *A Gaivota*. Entreviam nela um real ponto de partida para uma das principais ambições programáticas do TAM, ou seja, o intento de libertar a arte cênica das formas esclerosadas e convencionais em que ela se achava e instilar-lhe sangue novo e autenticamente artístico. Se se acrescentar o fato de que o êxito de tal esquema

[...] para a regeneração do teatro que lhes era tão caro, não podia ser divorciado do sentimento de amor próprio de um autor que tanto admiravam, um autor, ademais, que sofrera recentemente um terrível choque devido ao fracasso da mesma peça e cujo talento como dramaturgo seria de novo posto à prova sob condições cênicas cujas possibilidades eram ainda desconhecidas e que nunca até então haviam sido experimentadas na prática[107],

compreende-se a tensão que ia montando no íntimo dos dois cabeças do TAM, à medida que se aproximava o dia da estréia. Essa inquietação é palpável, de forma especial, na carta que Dântchenko escreveu a Tchékhov, na qual discute as vantagens

106. Citado em K. Rudnítzki, no seu livro sobre *Meyerhold, the Director*, p. 8.
107. S. D. Balukhaty, "Work on the SeaGull", in *The SeaGull Produced by Stanislavsky*, ed. cit., p. 61.

de uma organização como a companhia recém-fundada por ele e Alexêiev para uma representação adequada de *A Gaivota* e defende a correção de seu modo de encenar a peça. Diz ele:

Sumbátov falou-me um bocado de tempo sobre *A Gaivota* e expressou o ponto de vista (que, creio eu, ele também lhe comunicou) de que se trata de uma peça onde somente atores de grande experiência podem sair-se bem. Nenhum diretor pode salvar esse texto por seus próprios esforços./ Que visão estranha! Contestei ardorosamente seu modo de encarar a questão. Aqui estão meus argumentos (como já recebeu os de Sumbátov, pode ter igualmente os meus):/ Primeiro, a obra já esteve em mãos de grandes atores (Davidov, Sazanov, Varlamov, Komissarjêvskaia, Diujikova, Apolonski e outros). Bem, eles fizeram dela um sucesso? Os precedentes portanto não depõem a favor de Sumbátov./ Em segundo lugar, nos papéis jovens – Nina e Konstantin – sempre hei de preferir *juventude* e frescor artístico dos atores à sua experiência e conhecimento cabal da rotina./ Em terceiro lugar, um intérprete experimentado no sentido geralmente aceito é invariavelmente um ator com um certo caráter estereotipado, brilhante, se quiser, e por essa razão, se não por alguma outra, teria muito mais dificuldade em apresentar uma personagem nova para o público do que um intérprete que não tenha ainda sido vítima do convencionalismo teatral. Em quarto lugar, Sumbátov parece obviamente acreditar que a meta de uma montagem é ensinar ao ator o que fazer ou como movimentar-se sobre o palco, enquanto nós tentamos entrar na própria alma de cada personagem separadamente, e, o que é até mais importante, de todas as personagens em conjunto, e no estado de espírito e na atmosfera da peça, o que é mais relevante do que qualquer outra coisa em *A Gaivota*./ Há apenas uma figura na peça que exige grande experiência de palco e firmeza de delineamento – Dorn. Daí por que estou entregando o papel a um ator-técnico tão maravilhoso como é o próprio Alexêiev./ Finalmente, fui informado de que deseja "atores *talentosos*". Eis uma coisa que sempre dá uma impressão engraçada. Como se jamais eu houvesse sustentado que é possível pôr numa peça gente que não possui talento. Dizer que um ator deve ter talento é como dizer que um pianista deve ter mãos. Por que, ao fim de contas, teria eu escolhido somente oito pessoas dentre setenta de meus alunos que concluíram sua formação nos últimos sete anos, e Alexêiev apenas seis pessoas de sua companhia que vem se apresentando nos últimos dez anos?/ Realmente, é algo por demais absurdo para exigir qualquer réplica. Bem, espero vê-lo em breve, e assim por diante, como diz Sorin./ Eis o nosso elenco:/ Arkádina – O. L. Kníper (a única de minhas alunas que acabou o curso com a mais alta distinção, coisa que desde a fundação da escola só Leschkovskaia conseguira antes). Uma jovem elegante, talentosa e culta.../ Konstantin-Meierhold (que concluiu o curso com a mais alta distinção. Houve apenas dois jovens que conseguiram o mesmo durante todo o tempo de existência da escola: o outro – Móskvin – interpreta Czar Fiódor.)/ Nina – Roksanova. Uma pequena Duse, como Ivánov a chamou. Ela terminou o curso no ano passado e imediatamente obteve um contrato com Nozlobin, de onde saiu para trabalhar com Solovtsov por um salário de 250 rublos mensais. Uma jovem atriz de fibra./ Dorn – Stanislávski./ Sorin – Kalujski – o principal ator da companhia de Stanislávski./ Schamráiev – Vischnévski, um ator de província, que renunciou a um contrato para interpretar os primeiros papéis em Nijni-Novgorod e a um salário de quinhentos rublos a fim de se juntar a nós. Esteve, incidentalmente, na mesma escola secundária que você./ Mascha é fraca no momento. Darei provavelmente o papel a outra pessoa./ Pauline – Raiesvskaia, não é má./ Trigórin – um ator de província altamente dotado, a quem estou dizendo para *me* interpretar, apenas sem as minhas suíças./ A *mise en scène* do primeiro ato é muito arrojada. Gostaria de conhecer sua opinião a respeito[108].

A estréia de *A Gaivota* ocorreu em 29 de dezembro de 1898. Olga Kníper fazia o papel de Arkádina, Meierhold – Konstantin, V. V. Lujski – Sorin, M. P. Roksanova – Nina, A. R. Artem – Schamráiev, E. M. Raievskaia – Pauline, M. P. Lilina – Mascha, Stanislávski – Trigórin, A. L. Vischnévski – Dorn, I. A. Tikhomirov – Medviédenko. A companhia estava particularmente tensa pelas causas já apontadas: a sombra do que acontecera dois anos antes com o mesmo texto, a novidade do enfoque seguido pela encenação, onde inflexão, dicção, ritmo de espetáculo, enfim, linguagem cênica fugiam inteiramente aos padrões e às práticas vigentes.

Eu não me lembro como representamos. O primeiro ato terminou. Houve um silêncio sepulcral. Uma das atrizes desmaiou no palco. Eu mesmo mal me agüentava em pé de desespero. De repente ouviu-se um fragor na sala. A cortina abriu-se, fechou-se de novo, abriu-se, mostrando ao público toda nossa pasmada e assombrada imobilidade. O pano fechou-se mais uma vez, abriu-se e nós não tivemos sequer a lembrança de nos curvar...[109].

Todavia, já no segundo ato percebera-se que a prova fora vencida e a mensagem de uma nova arte teatral estava sendo comunicada. E os dois últimos atos assinalaram triunfalmente o nascimento de um novo estilo de discurso dramático no repertório russo e na arte cênica.

Ter-se-á uma sugestão mais precisa, talvez, do que foi o espetáculo, bem como da acolhida que mereceram a peça e os

108. *Idem*, pp. 61-63.
109. *My Life in Art*, p. 267.

atores, lendo-se o relato que Dântchenko mandou a Tchékhov, ainda no mês de dezembro de 1898:

Pelos meus telegramas já deve estar informado da acolhida dispensada a *A Gaivota*, que foi um êxito. Para lhe dar uma idéia de como foi a estréia, direi meramente que após o terceiro ato o estado de espírito nos bastidores era de embriaguez. Alguém disse, com muita verdade, que parecia manhã de Páscoa. Todo mundo trocava beijos, todo mundo se atirava ao pescoço de quem quer que encontrasse, todo mundo foi tomado do sentimento de triunfo maior da verdade e do trabalho honesto. E são tantas as razões para toda essa alegria: os atores adoraram o texto e em cada ensaio descobríamos novos toques de gênio nele. Mas ao mesmo tempo temíamos que o público não fosse de suficiente sensibilidade literária, não fosse bastante avançado, que estivesse estragado por efeitos teatrais baratos e não estivesse devidamente preparado para o tipo superior de simplicidade artística, de modo a apreciar as belezas de *A Gaivota*. Tivemos de pôr nossa alma toda na obra e todas as nossas esperanças baseavam-se nela. Nós, os diretores, Alexêiev e eu, envidamos todos os esforços e aplicamos todas as nossas capacidades para assegurar que as maravilhosas disposições d'alma da peça fossem dramatizadas de maneira satisfatória. Relizamos três ensaios gerais, examinamos cada canto do palco, testamos uma a uma cada lâmpada elétrica. Durante as últimas duas semanas eu vivi no teatro, correndo do local onde os cenários estavam sendo pintados para o local onde os adereços eram rematados, visitando lojas de antigüidades para ver se achava coisas que emprestassem uma cor mais local à montagem. Mas por que desperdiçar palavras? A pessoa deve conhecer o seu teatro até o dedo mínimo.../

Para a primeira noite eu "perscrutei" todo indivíduo que entrava, para estar certo de que a assistência consistia de gente da qual se podia esperar que apreciasse a beleza da verdade no palco. Mas fiel a meus princípios, nada fiz para provocar um êxito simulado./ Desde o primeiro ensaio geral, os atores exibiam o ânimo que prometia sucesso. Mas, a despeito de tudo isso, meus sonhos *nunca* foram tão longe. Eu esperava que, no máximo, a peça seria bem-sucedida, no sentido de que a platéia lhe prestaria séria atenção. E então... Não posso descrever-lhe o conjunto de minhas impressões... Nem uma só palavra, nem um som foi perdido. O público não apenas captou a atmosfera geral, ou a *trama*, que é tão difícil de definir na peça, cada pensamento, tudo o que o torna o artista e o pensador que você é, tudo, tudo, em suma, cada movimento psicológico – tudo atingiu o alvo e manteve a platéia em suspenso. E todos os meus temores de que a peça seria entendida somente por uns poucos dissiparam-se. E não espere que haja restado uma dúzia de indivíduos no público que não entendeu tudo. Julguei, além disso, que o êxito da representação redundaria meramente em algumas chamadas à cena, após o Terceiro ato. Mas o que aconteceu foi inteiramente diferente. Após o Primeiro ato a assistência em peso exigiu cinco vezes as cortinas (nós não levantamos em geral o pano tão prontamente para atender aplausos). A platéia toda achava-se em estado de intenso entusiasmo. E após o terceiro ato ninguém deixou a sala. Todos ergueram-se e as chamadas de aplauso transformaram-se numa ruidosa, infinita ovação. Em resposta às chamadas pelo autor, anunciei que ele não estava no teatro. Houve gritos: "Mandem-lhe um telegrama..."

(A carta foi interrompida neste ponto e retomada alguns dias mais tarde).

Continuando. Perguntei à sala, "Querem que eu mande um telegrama?" A réplica veio sob a forma de fortes aplausos e gritos de "Sim, sim..."/ Após o quarto ato, a ovação repetiu-se./ Espero que tenha lido todos os jornais. Até agora a melhor nota apareceu no *Moskauer Zeitung* (Jornal de Moscou), que lhe enviarei, e hoje há uma nota muito inteligente em *O Correio* – O Diário de um Homem Nervoso. O *Ruskiye Viedomosti* (Notícias Russas), como era de se esperar, disse uma porção de baboseiras. Pobre *Ignatov*, ele mete o pé na lama quando uma peça está apenas um pouquinho acima da média.

O desempenho... vejo-o nesta ordem: Kníper é uma Arkádina maravilhosa e ideal. Conseguiu pôr tanta coisa sob a pele de seu papel que possivelmente você não poderia tirar nada do que ela apresentou, nem seus ares e graça de uma atriz de sucesso, nem seus vistosos vestidos de mulher fascinantemente vulgar, nem sua mesquinhez, ciúme etc. Ambas as cenas do ato III – com Konstantin e com Trigórin – a primeira, especialmente, foram as de maior impacto no espetáculo, e o sucesso dela atingiu o clímax na extraordinariamente bem montada cena da partida (sem ninguém desnecessário). Depois de Kníper, devo colocar Alexêieva (Lilina) como Mascha. Uma pintura de retrato maravilhosa! Tão característica e tão comovedora, também. Em seguida vem Kalujki (Lujski) como Sorin. Ele interpretou a sua parte realmente como um grande ator. Segue-se Meierhold. Era todo fraco e tocante, um decadente *par excellence*. Depois Alexêiev. Pegou magnificamente o tom débil, "sem propósito firme". Proferiu suas longas falas lindamente, de maneira maravilhosa. Era todo mel e açúcar no terceiro ato. Roksanova foi a mais fraca do grupo. Por culpa de Alexêiev, ficou confusa representando uma espécie de tonta. Fiquei zangado com ela e disse-lhe que voltasse ao seu primeiro modo, lírico, de interpretação. Assim acabou embaralhando tudo. Vischnévski ainda não entrou em seu passo para o desempenho do fraco, esperto, observador Dorn, que experimentou tudo; mas estava belamente composto (*à la* Conde Alexêi Tolstói) e terminou a peça de forma excelente. O resto nada fez para deixar cair o ótimo *ensemble*.

O tom geral era muito tranqüilo e extremamente literário./ A simpatia da platéia foi captada admiravelmente. Na verdade, não consigo lembrar de outra peça que tivesse um público tão compreensivo./ O espetáculo criou uma sensação terrível em Moscou. No Teatro Máli estão prontos a nos fazer em pedaços./ [...] Quanto à encenação, bem, acho que você teria suspirado no primeiro e, especialmente, em minha opinião, no quarto ato. É difícil formular isso com palavras. Você precisa ver a montagem./ Estou fora de mim, de tanta felicidade./ Você vai me dar *Tio Vânia*?[110]

Essa sensação de triunfo que, com todo o esforço de circunspecção e crítica, impregna as palavras de Dântchenko, não está pautada apenas pela boa vontade para consigo próprio ou pelo exagero. Confirma-o plenamente a correspondência que Tchékhov recebeu então. Entre vários missivistas, todos da *intelligentsia*, escreve Maxim Górki:

> Você está sabendo decerto do êxito de *A Gaivota*. Ontem um homem que tem excelente conhecimento de teatro e que se encontra em termos familiares com os principais luminares da cena, um indivíduo de quase sessenta anos – um conhecedor e um homem de gosto – disse-me com lágrimas nos olhos: "Sou um freqüentador de teatro há quarenta anos e não há muita coisa que eu não tenha visto, mas nunca assisti a uma peça de gênio, tão maravilhosa e *herética* como *A Gaivota*". Ele não é o único a nutrir semelhante opinião. Você sabe disso, não sabe?[111] (Fim de dezembro de 1898.)

O eco na imprensa não foi menor e a impressão geral surge de certa maneira sintetizada no comentário de P. Gneditch, estampado em 18 de janeiro de 1899, pelo *Novoie Vremia*:

> *A Gaivota* vai muito além dos limites da comédia convencional, e sinto pena daqueles que não conseguem ver isso. É uma grande sorte que tenhamos um teatro – não importa se é particular ou do Estado – que conhece a maneira justa de abordar tais obras e percebe o cuidado e a delicadeza com que é preciso tratá-las. Nessa reabilitação de *A Gaivota* não se pode deixar de divisar a garantia de um futuro melhor não só para o teatro em questão, mas para todo o palco russo. Se peças, até agora estupidamente rotuladas de "peças literárias, mas não teatrais", podem ser representadas com tanto sucesso até mesmo num palco que não possui recursos cênicos modelares, o fato só pode proporcionar importante estímulo para o futuro. O teatro está entrando em nova fase. Ainda tem à sua frente, a bem dizer, um grande combate a travar com os representantes das formas agonizantes do suposto palco de arte, mas o importante é que o primeiro passo foi dado[112].

O próprio Tchékhov só assistiu ao espetáculo em maio de 1899, depois de terminada a temporada do teatro. Dântchenko e

110. *The SeaGull...*, *ed. cit.*, pp. 69-72.
111. *Idem*, p. 74.
112. *Idem*, p. 79.

Stanislávski ofereceram-lhe uma representação especial, embora sem os cenários, em outra casa de espetáculos. Por falta dessa moldura da *mise en scène*, e retomando quiçá observações críticas feitas já por ocasião dos ensaios, Tchékhov considera que não pode "emitir um juízo imparcial sobre a peça, pois a Gaivota mesma atuou de forma das mais abomináveis, soluçando com toda a força de seus pulmões o tempo todo, e Trigórin (o romancista, a cargo de Stanislávski) andava e falava como se estivesse paralisado; ele "não tem vontade própria", dizia o texto, e o ator interpretou isto de tal modo que fiquei doente só de olhar para ele...)"[113] (9 de maio de 1899).

No conjunto, porém, não se poderia afirmar que a encenação de Nemírovitch-Dântchenko e Stanislávski não fosse satisfatória, nem mesmo para um paladar tão exigente quanto o de Tchékhov. Além do mais, sabia que a óptica interpretativa dos dois diretores havia descoberto um riquíssimo veio da obra, que uma platéia como a moscovita consagrara, com o subseqüente aval quase unânime da crítica. Era pois visível a eficácia artística dos métodos de tratamento cênico inaugurados pelo TAM para a representação de sua peça. Só eles, até então, pareciam ter podido render plena justiça teatral ao talento dramatúrgico de Tchékhov e à sua aptidão imaginativa. Assim, ao mesmo tempo que evidenciava a extraordinária criatividade de um autor, *A Gaivota*, alcandorando-se, levou a jovem companhia e seus orientadores ao encontro de sua destinação estética, ou seja, o estilo pelo qual marcariam sua presença e falariam ao teatro do século XX. Eles próprios o reconheceram expressamente, quer nas cortinas, programas, bilhetes e cartazes onde a gaivota aparecia como emblema do grupo, quer nos seus escritos. Porém, vale repisar, mais do que a marca emblemática de um sucesso, ela foi o ponto de partida estilístico de um desenvolvimento para o qual contribuiu sobretudo o conjunto do repertório tchekhoviano, com as peças subseqüentemente encenadas, e que Stanislávski exprimiu assim: "Enquanto a *linha do drama de costume* nos levou ao *realismo externo*, a *linha de sentimento e intuição* (sugerida por Tchékhov) nos

113. *Idem*, p. 80

mostrou o caminho para o *realismo interno*"[114], isto é, para aquela abordagem da *mise en scène* que acabaria colocando o gênio do próprio Stanislávski na estrada real de sua proposta e de seu método para a representação teatral.

Apesar do êxito de *A Gaivota*, a temporada de 1898 terminou com enorme prejuízo para a companhia[115], mas o Teatro de Arte de Moscou, cuja base material ficara inicialmente a cargo de uma "Sociedade para o estabelecimento de um teatro acessível a todos em Moscou", foi salvo da ruína completa pelo apoio de Sava Timofeievitch Morozov, um milionário moscovita sem o qual "não haveria Teatro de Arte de Moscou"[116]. Realmente, se, de uma parte, os orçamentos anuais deficitários, as relações ambíguas com os acionistas, os quais relutam em aplicar novas somas de dinheiro numa empresa teatral que parecia inviável, e a expiração em 1901 do contrato do aluguel do imóvel do teatro acumulam as dificuldades nessa fase inicial, de outra, elas vão sendo solucionadas graças ao interesse do referido mecenas que era senhor de um largo império financeiro e industrial. Filho de um "Velho Crente" fanático, "capaz de passar horas a fio diante dos ícones rezando pela alma de seus operários"[117], foi uma personalidade não menos complexa. Déspota no domínio econômico herdado, também se fez notar como financiador de grupos revolucionários, amigo de Górki[118] e protetor de militantes socialistas procurados pela polícia. Químico formado na Inglaterra, nutria paixão pelo trabalho manual e não perdia ocasião de "pôr a mão na massa", como se evidenciou durante as obras do novo TAM,

114. *My Life in Art*, p. 266.

115. 46.000 rublos, segundo Claudine Amiard Chevrel, em *Le Théâtre Artistique de Moscou, ed. cit.*, p. 41.

116. *Idem*, p. 39

117. *Idem, ibidem.*

118. Aliás, foi por causa de Gorki, cuja presença no TAM quis impor a todo custo, que Morozov acabou se retirando do Conselho de Administração e do quadro de acionistas do TAM, em 1904. Um ano depois, em 1905, suicidou-se.

quando se ocupou pessoalmente das instalações elétricas, dos equipamentos do palco e, mais ainda, labutou ao lado dos pedreiros na construção. A ele, em grande parte, deveu-se a reorganização da jovem companhia em 1902. A sociedade mantenedora passou a ser constituída por seus diretores, certo número de atores (e parece que foram cometidas várias injustiças na escolha dos membros-artistas, como a exclusão de Meierhold, por razões que em parte nada tinham a ver com a arte) e alguns escritores, como Tchékhov. Ela se tornou proprietária de um edifício especialmente construído para servir de teatro, de um rico acervo de acessórios e trajes, despendendo grandes quantias em salários, taxas, despesas de manutenção e encenação. Foi o que permitiu que o TAM se tornasse, sob tantos aspectos, um organismo quase modelar no seu tempo. E nesse empreendimento teatral, que pode ser tido como consolidado em poucos anos, o papel de Tchékhov e suas peças continuou sendo central.

Essa importância começou a se esboçar já com a segunda peça de Tchékhov montada pelo TAM. Por um momento pareceu que *Tio Vânia* seria encenado pelo Teatro Máli, a quem o autor entregara o texto. Mas, felizmente para o Teatro de Arte de Moscou, o comitê literário do Máli entendeu que o terceiro ato da peça devia ser reescrito e a companhia de Dântchenko e Stanislávski pôde encená-la, em outubro de 1899, mais uma vez com um sucesso que foi crescendo, a ponto de superar *A Gaivota*. A tragédia pessoal de Voinitzki, ou Tio Vânia, provém de sua docilidade e credulidade. Trata-se, como já observamos, de um drama de estado de ânimo matizado e reprimido, em que as criaturas são presas na cilada de suas próprias ilusões e fraquezas. Na rede de atrações e repulsões, que constituem o fio condutor da obra, nada permanece ao fim, salvo talvez a tênue sugestão que se desenha num monólogo de Sônia, a filha de Serebriakov. Aí, numa espécie de prece, insinua-se menos a esperança do que possivelmente o anseio de sua alma e a do Tio Vânia – dia virá em que seus tormentos serão redimidos e em que o céu lhes oferecerá à visão, anjos voadores e estrelas cintilantes.

A nota final de sonho e resignação traduz a atmosfera geral da peça, cujos motivos centrais se tecem com a futilidade e a fatalidade do quotidiano, o peso esmagador do tédio que ele inspira e da banalidade que o move. Se a angústia não induz ao desespero total é porque as vítimas dessa urdidura fatídica do dia a dia são iluminadas por uma luz cheia de compreensão e carinho. A melancolia e a frustração aparecem permeadas de humor e simpatia, sem que haja um só pronunciamento de juízos rigorosos e definitivos. Uma sutil empatia derrama-se sobre os sofrimentos das personagens e suas inúteis tentativas de alçar vôo – o chumbo da inação, da passividade, da impotência prende-as ao chão.

Tio Vânia foi considerado por alguns críticos como o mais "tchekhoviano" dos textos teatrais de Tchékhov. Stanislávski, que dirigiu o espetáculo juntamente com Dântchenko, conseguiu ressaltar com especial ênfase o clima de intimidade, que foi o modo característico de o TAM encenar Tchékhov. Mas tão grande quanto o da *mise en scène*, a representação constituiu o triunfo de Alexêiev como ator nessa peça. Vetado pelo autor para o papel de tio Vânia, interpretou o de Astrov. Confiar-lhe mesmo essa personagem foi um problema para Tchékhov, que "não gostava da atuação de Stanislávski, censurando-o por falta de vigor"[119]. Todavia, Leonidov, que ingressou na companhia do Teatro de Arte de Moscou dois anos depois da montagem da peça de Tchékhov, deixou a descrição do impacto que lhe causou o tio Vânia e, especificamente, o trabalho de Stanislávski fazendo a personagem Astrov:

A representação de *Tio Vânia* deixou-me uma impressão inesquecível. O que havia realmente nesse desempenho? Qual o segredo da tremenda influência que exercia sobre os espectadores? Eu assisti a muitas boas representações e a muitos grandes atores, mas nunca experimentara antes algo semelhante. Compreendi o que era: aqui a gente acreditava em tudo; aqui não existia traço de teatralismo; parecia quase que não havia atores no palco e nenhuma *mise en scène* previamente maquinada. Tudo era tão simples, assim como na vida real, mas por baixo dessa simplicidade percebia-se o caldeirão fervente de paixões humanas. Por vezes eu não conseguia evitar um certo mal-estar: era como se eu, completamente estranho, estivesse testemunhando a vida íntima de pessoas que não conhecia[120].

119. Em Nina Gourfinkel, *Constantin Stanislávski*, p. 88.
120. David Magarshack, *Stanislavsky*, p. 192.

Pintura de V. Símov para o cenário do Primeiro Ato de Tio Vânia *e fotografia de sua realização no TAM (1899).*

O drama *As Três Irmãs*, que segue de perto *Tio Vânia*, foi escrito tendo em vista a encenação do Teatro de Arte e à luz de princípios artísticos que este adotava e que aparentemente o próprio Tchékhov reconhecia naquele momento como afins aos seus. Estreado em fevereiro de 1901, mais ainda do que "*A Gaivota* e *Tio Vânia*, *As Três Irmãs* constituía um 'drama de atmosfera', de 'estado de ânimo', sem complicação de enredo e sem herói central"[121]. Essa disposição anímica análoga apresenta-se, entretanto, nesta última peça com alguns acentos não tangidos antes em Tchékhov. Na verdade, por um lado, os protagonistas também aqui se esvaem numa existência sem sentido nem perspectiva. São criaturas cuja sensibilidade e cujos anseios vêem-se enredados e paralisados pelas redes liliputianas da monotonia e da sonolência, do atraso e da estagnação provincianos, evidenciando a impossibilidade de que as aspirações mais criativas e nobres, os apelos mais elevados e de propósitos menos conformes aos da mediania mesquinha e chã, possam satisfazer as demandas mais vivas e dar-lhes alguma expressão concreta no quadro da realidade social em que se encontram, a da sociedade russa do fim do século XIX, com sua atmosfera pesada e desestimulante para todos os esforços da vida criativa e verdadeiramente renovadora. Mas, por outro lado, é indubitável que em *As Três Irmãs* soa uma nota, senão inteiramente nova, pelo menos pouco audível nas peças anteriores. Com efeito, na densa tessitura da vacuidade e da existência supérflua, o apelo pela atividade significativa e útil, a busca de uma "causa" e de uma "fé" capazes de infundir sentido às coisas, torna-se sensível. As três irmãs sonham com Moscou do mesmo modo que a *intelligentsia* russa almeja uma transformação libertadora e radical no ambiente e no modo de vida do povo e dos indivíduos. E a sugestão de um futuro radiante, a idealização desse amanhã, que surge nas palavras de Verschínin, é decodificado pelo espectador russo da época como sinal de um descontentamento profundo em face das condições sociais e políticas reinantes.

No plano específico do texto, o drama pode ser resumido como sendo o de três almas femininas que se estiolam na pro-

---

121. Em Ettore lo Gatto, *Storia del Teatro Russo*, v. 11, p. 22.

víncia, ansiando por um tipo de vida mais inovador e ativo, que supõem existir no ambiente de um grande centro como o moscovita, de onde procedem, mas do qual o correr de seus dias as distanciou de tal forma que elas o converteram de visão de um passado talvez fantasiado em horizonte simbólico e utópico de aspirações que parecem lançadas para além do tempo real e destinadas a permanecer irrealizadas. A ação toda acontece no lapso entre um meio-dia de verão (Primeiro Ato: "[...] fora brilha o Sol vivamente... em ondas de luz... é domingo [...]" e um meio-dia de outono (Quarto Ato: "Um velho jardim, uma longa aléia de abetos, no fundo, o rio, do outro lado, a floresta [...]", passando por um anoitecer de meios-tons e de sons em surdina de um acordeão (Segundo Ato) e uma noite angustiosa de incêndio na cidade (Terceiro Ato)[122].

Com base nesses elementos da peça,

[...] os atores do Teatro de Arte desenvolvem sua técnica particular de "contato" entre as personagens, a maneira de ouvir o parceiro, de perceber, por trás de suas palavras, a ressonância de alguma coisa dita de forma aparentemente insignificante. É também "o trágico das pequenas coisas" de que Górki gostava tanto no talento de Tchékhov. Mais que nunca a motivação dos jogos de cena é fútil, os diálogos fragmentários. É igualmente a peça que conta maior número de pausas: 10-20-20-25, conforme os atos. Cada ato tem sua iluminação, seu ritmo, sua sonorização: no Primeiro, almoço de aniversário, rumor de vozes, ruído de louça, sons do piano e do violino. No Segundo, ouve-se partir uma tróica (trenó puxado por três cavalos) com seus sininhos, ressoam silvos, assobios, cantos, dedilhados de piano [...]. No Terceiro, é o rebate do incêndio. No Quarto, a peça termina com os sons maiores da música militar que acompanha a partida da guarnição[123].

As Três Irmãs assinala o pleno domínio, não só de parte de Stanislávski e Dântchenko como indivíduos, mas da arte do teatro como um todo, dos meios de harmonização do *ensemble*. Não é por acaso que o espetáculo, no TAM, bateria todos os recordes de permanência em cartaz. Contudo, tal ascenso à maturidade cênica do "tchekhovismo" não se deu simplesmente, como mera função dos processos anteriormente desencadeados na encenação dos textos de Tchékhov. De novo

122. Tchekhov, *Three Plays*, trad. Elisaveeta Feri, "Three Sisters", pp. 91-174.
123. Nina Gourfinkel, *op. cit.*, pp. 89-90.

surge uma divergência básica entre o modo de o autor e o encenador verem o mesmo texto. Deixemos que Stanislávski conte o incidente:

[...] Por fim o próprio Tchékhov veio com o Quarto Ato e organizamos uma leitura de mesa com o autor presente. Uma grande mesa, recoberta por uma toalha, foi colocada no *foyer* do teatro e todos nós nos sentamos à volta, ficando no centro o autor e os diretores de cena. Todos os membros da companhia, os indicadores, alguns ajudantes de palco e até um ou dois alfaiates encontravam-se presentes. Estávamos todos muito animados. O autor sentia-se, ao que parece, excitado, e não estava à vontade na cabeceira da mesa. De vez em quando saltava de seu lugar e punha-se a andar de um lado para o outro, especialmente nos momentos em que os diálogos, na sua opinião, tomavam um ramo falso ou desagradável. Discutindo a peça, alguns de nós chamavam-na de drama e outros até de tragédia, sem perceber que tal definição deixava Tchékhov assombrado. Um dos atores, que tinha evidente sotaque oriental e tentava exibir sua eloqüência, começou a falar de suas impressões com entonação patética e vocabulário comum de um orador experimentado:
– Embora eu não concorde com o autor em princípio, ainda assim...
Anton Pavlovitch não conseguiu suportar esse "em princípio". Dirigiu-se para a saída. Todos nós vimos que ele estava indo embora, mas não compreendemos o que acontecera e pensamos que talvez não estivesse passando bem. Após a reunião fui imediatamente à sua casa e o encontrei, não só fora de si e magoado, como irado. Não me lembro de tê-lo visto outra vez tão furioso.
– É impossível. Escute só... "Em princípio"... – exclamou, imitando o ator.
O lugar-comum fez decerto com que Anton Pavlovitch perdesse a paciência. Mas a efetiva razão era que ele pensava haver escrito uma alegre comédia, e todos nós a tomamos por uma tragédia e derramamos lágrimas sobre ela. Tchékhov evidentemente julgou que a peça fora mal entendida e que já era um fracasso[124].

É bem provável que Stanislávski esteja enganado nesse particular. Pois, e é David Magarshack[125] quem o nota, dificilmente poderia Tchékhov ter-lhe dito que escrevera uma comédia – o que de fato se lhe afiguraria no caso de *O Jardim das Cerejeiras*, como veremos adiante – quando ele próprio qualificava *As Três Irmãs* de "drama". O que talvez o haja surpreendido, e daí a sua reação, pode ter sido uma impostação geral falsa, superdramatizada, a denunciar sério

124. *My Life in Art*, ed. cit., pp. 277-278.
125. *Op. cit.*, p. 220.

desentendimento do texto, não só de parte dos atores como principalmente da direção e de sua linha interpretativa. É o que se patenteia da seqüência que o responsável pela encenação de *As Três Irmãs*, ao lado de Dântchenko, imprime ao seu relato:

> Os atores trabalhavam com disposição. Ensaiávamos o texto, tudo estava claro, inteligível, verdadeiro, mas a peça não tinha vida, era como se fosse oca, parecia tediosa e comprida. Alguma coisa estava faltando nela. Que tortura procurar fazer esta coisa sem saber o que era. Tudo estava pronto, era necessário promover a publicidade da montagem, mas se fôssemos encená-la na forma que havíamos alcançado, estávamos em face de um malogro certo. No entanto, sentíamos existirem nela elementos que auguravam grande sucesso, que tudo, à exceção daquele *algo* mágico, já se achava ali. Encontrávamo-nos diariamente, ensaiávamos até o desespero, despedíamo-nos para nos encontrarmos de novo no dia seguinte e chegar mais uma vez ao desespero[126].

Por fim, alguém do grupo declarou que estavam perdendo tempo, tornando a peça arrastada e aborrecedora, uma vez que deviam representá-la com o ritmo de um *vaudeville*. Foi o que tentaram. "O resultado foi que a peça ficou pior e mais cansativa. Era difícil compreender o que estava sucedendo no palco e do que os atores estavam falando"[127]. Os atores já começavam a descrer de que a direção pudesse conduzi-los a bom porto, quando por acaso o "mágico algo" se concretizou, verdadeiramente ao modo de Stanislávski, isto é, "o que Stanislávski considerou como sendo o verdadeiro estado de espírito foi criado de repente, de modo puramente acidental e 'externo', o que lhe deu ensejo de aplicar o método ao qual se apegava tanto na época, o de caminhar de fora para dentro"[128].

> Certa noite, num de nossos mortificantes ensaios, os atores pararam no meio da peça, cessaram de representar, parecendo não ver sentido no trabalho que faziam. Não tinham mais confiança no diretor de cena ou um no outro. Semelhante interrupção em geral leva à desmoralização. Duas ou três lâmpadas elétricas brilhavam frouxamente. Todos nós estávamos sentados nos cantos, com a crista caída. Sentíamo-nos ansiosos e desarmados.

126. *My Life in Art*, ed cit., p. 278.
127. *Idem*, p. 279.
128. D. Magarshack, *op. cit.*, p. 221.

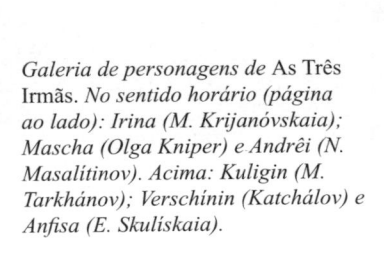

Galeria de personagens de As Três Irmãs. *No sentido horário (página ao lado): Irina (M. Krijanóvskaia); Mascha (Olga Kniper) e Andrêi (N. Masalítinov). Acima: Kuligin (M. Tarkhánov); Verschínin (Katchálov) e Anfisa (E. Skulískaia).*

Verschínin de As Três Irmãs *de Tchékhov na interpretação de Stanislávski, 1901.*

Cena do Quarto Ato de As Três Irmãs, *de Tchékhov, 1901.*

Alguém arranhava nervosamente o banco. Era como o ruído de um rato. Eu me lembrei de casa: senti um calor por dentro, eu vi a verdade, a vida, e a minha intuição começou a atuar. Ou, talvez, o ruído de um rato roendo algo, a escuridão e o desamparo tivessem um sentido para mim na vida, um sentido que eu próprio não entendia. Quem pode refazer o caminho da superconsciência criativa?

Tornei à vida e sabia o que exatamente precisava mostrar aos atores. O palco começou a ficar aconchegante. As criaturas de Tchékhov reviveram. Elas não se banham em seu próprio pesar. Pelo contrário, procuram a alegria, riso e animação. Querem viver e não vegetar. Eu senti a verdade nos heróis de Tchékhov, isso me encorajou e adivinhei o que tinha de ser feito[129].

A bem da verdade, é preciso dizer que, apesar do telegrama triunfal que Dântchenko passou a Tchékhov, após a estréia, levou quase três anos para que aquele "algo" entrasse realmente no corpo da peça e ela se pusesse em pé, do ponto de vista teatral. Mas daí por diante o seu êxito não cessou de crescer no Teatro de Arte de Moscou. Tornou-se um de seus espetáculos "clássicos", onde Stanislávski atingia um grande momento como ator ao criar o papel de Verschínin. Embora ele próprio opusesse críticas ao seu desempenho, encarnou essa personagem cerca de trezentas vezes em 27 anos, deixando em Olga Kníper, que com ele contracenava fazendo o papel de Mascha, uma impressão que fala por si da qualidade de interpretação de seu parceiro.

No Verschínin de Stanislávski, o único sonhador em *As Três Irmãs*, escreve ela, havia grande nobreza, contenção e pureza. Seus sonhos de um futuro mais luminoso ajudavam-no a suportar e aceitar as miseráveis condições de seu tempo e seus próprios malogros e desventuras pessoais. Ainda ouço sua voz e sua risadinha no Primeiro Ato – Sim, sim... o apaixonado major... isso é assim. Ou – Há uma ponte tristonha ali no caminho e debaixo da ponte a água corre ruidosamente. Um homem solitário não pode deixar de sentir melancolia. Ou – Foram somente flores assim que deixei aparentemente passar em minha vida. Ou – Daqui a duzentos, trezentos ou talvez mil anos – não importa quanto vai demorar – uma vida nova e feliz há de raiar. Nós não teremos nenhuma participação nela, por certo, mas é justamente por esse tipo de vida que vivemos e trabalhamos agora, que sofremos e nos esforçamos para realizá-la – e esse é o único propósito de nossa existência e, se quiser, é nossa única felicidade. E eu, Mascha,

129. *My Life in Art*, ed. cit., p. 280.

gostava de ouvir sua voz, que eu já amava. Eu me sentia tão feliz quando olhava para seus olhos, que pareciam fitar algum lugar na distância, ou ouvir o riso sereno enquanto falava, um riso que parecia expressar um profundo sentimento emotivo. Verschínin-Stanislávski sabia como proferir aquelas falas sobre um futuro feliz e aqueles sonhos de começar a vida de novo soavam, não como as jactâncias de um homem que gosta de escutar a si mesmo falar, mas as palavras de alguém que pensa de fato o que diz com sinceridade, que acredita nelas porque infundem um sentido à sua vida e permitem-lhe elevar-se acima das pequenas desgraças de sua própria vida que ele agüenta tão paciente e docilmente[130].

Na economia da peça, a figura de Verschínin e a parte que lhe incumbe parecem apontar para uma nova direção quando examinadas sob o ângulo da evolução dramatúrgica de Tchékhov. Com efeito, se em *As Três Irmãs* a perspectiva assim indicada o é apenas simbolicamente, sem que haja qualquer tentativa de se lhe aproximar de forma ativa, aflorando no entanto de maneira mais acentuada do que em *Tio Vânia*, ela assume, em *O Jardim das Cerejeiras*, não só uma forma temática mais definida, como também uma encarnação mais incisiva no perfil das personagens que a protagonizam. Trofímov, o "eterno" estudante, e Ânia, a filha de Ranevskaia, ainda que desempenhem funções secundárias no desenrolar da ação, têm uma presença marcante nessa peça, que se preocupa com a decadência dos proprietários senhoriais e com o destino de suas requintadas mas inconsistentes vidas. Essa presença assume mesmo um vulto singular de projeção para o porvir, na medida em que, segundo alguns críticos, indica uma proposta de ação concreta, o que distingue e distancia as duas figuras mencionadas das personagens principais e típicas do mundo tchekhoviano, que se constituem de pura negatividade. Outro sintoma de que a estrutura do velho edifício não só oscila, mas começa a ruir sob o impacto de novas forças, é Lopakhin, a expressão do fator burguês, que primeiro ganha alento à sombra do solar fidalgo, para depois

130. D. Magarshack, *op. cit*, pp. 222-223, transcreve por extenso e depoimento da atriz, que termina dizendo: "Guardo no meu coração a lembrança desse Verschínin e serei eternamente grata a ele por me ter permitido no palco a sensação de tamanho amor como o de Mascha por Verschínin", *Ibidem*, p. 224.

destruí-lo, ou melhor, numa antevisão quase profética de nosso tempo, loteá-lo no mercado de consumo moderno. Sua ação, que consubstancia de certo modo a de um processo histórico e social, atenta contra os valores de estufa e requinte que medraram no cultivado pomar das cerejeiras, mas tem um curso inevitável. A velha ordem está condenada, por mais triste que seja o fato para os encantos e refinamentos por ela gerados. A última cena, em que aparece a casa vazia, desertada por todos os seus antigos moradores, à exceção de Firs, velho servidor tão abandonado quanto o mundo a que servira e com o qual se confunde tragicamente, une o sentimento desse destino implacável a espreitar os "cerejais" senhoris ao da imensa compaixão por aqueles que têm de cair sob os golpes arrasadores de uma nova realidade, principalmente quando são vítimas indefesas e absurdas de um processo em que deram tudo e nada receberam.

Esse texto que é, ao lado de *As Três Irmãs*, o principal fruto da maturidade dramatúrgica do autor, conquistou, tão logo foi levado à cena, em 17 de janeiro de 1904, o lugar de eleição que, entre as peças de Tchékhov, ocupava *As Três Irmãs* junto ao público do Teatro de Arte de Moscou. Tal efeito, entretanto, foi alcançado mercê de uma encenação e uma interpretação que, se levavam ao ápice uma linha estilística que se desenvolvia desde *A Gaivota*, contrariavam já em parte a visão que o dramaturgo tinha de sua criação. Tchékhov, como já indicamos, considerava certos aspectos de sua obra ficcional no todo, e a de teatro especificamente, como produtos de uma pena de "vaudevillista". Mas esse elemento não terá sido o único a contribuir para suas restrições, pois, como boa porção da intelectualidade russa, à medida que os primeiros anos do século XX se sucederam, sentiu o montar de novas correntes na vida política do Império e o sopro dos ventos da rebeldia. O mundo das existências sufocadas da província começava a ser abalado, não só pelos vermes interiores. Por fora, já o açoitavam as ondas do protesto social e o seu reflexo na arte ameaçava cobrir o próprio "tchekho-vismo". Tchékhov, sensível à encomenda dos novos tempos, deve tê-lo percebido, o que aliás transparece em *O Jardim das Cerejeiras*. Em razão disso sua óptica estava mudando, o que pode ter sido mais uma das causas de suas reservas à *mise en scéne* ultratchekhovista que o TAM lhe propunha para a liquidação do velho "jardim".

Nesse sentido, vale como ilustração transcrever alguns extratos da discussão epistolar, se é que ela o foi, travada entre Stanislávski e Tchékhov sobre a questão. Stanislávski escreve a Tchékhov, em 20 de outubro de 1903:

A meu ver *O Jardim das Cerejeiras* é a sua melhor peça. Eu me apaixonei por ela ainda mais profundamente do que por nossa querida *A Gaivota*. Não é uma comédia, nem uma farsa, como escreve – é uma tragédia, ainda que indique uma saída para um mundo melhor, no último ato. Causa enorme impressão, e isso por intermédio de meios-tons, de ternas cores de aquarela. Há nessa peça uma qualidade poética e lírica, é muito teatral; todos os papéis, inclusive o do vagabundo, são brilhantes. Se eu fosse escolher uma das partes segundo o meu gosto, ficaria na dúvida, pois uma é mais atrativa do que a outra. Temo que tudo seja sutil demais para o público. Ele levará tempo para entender todas as gradações. Infelizmente, quantas imbecilidades teremos de ouvir acerca dessa obra! Não obstante, alcançará um tremendo sucesso porque, como peça, ela prende a gente. É tão completamente inteiriça que não se pode riscar uma só palavra do texto. É possível que eu esteja preconceituado, mas não consigo achar um único defeito na obra. Ó sim, há um: exige atores demasiado grandes, demasiado sutis, para expor todos os seus encantos. Não sei se seremos capazes de fazê-lo. Quando efetuamos nossa primeira leitura, fiquei preocupado com uma coisa: a peça me empolgou e arrebatou meus sentimentos. Não foi o que me aconteceu com *A Gaivota* ou *As Três Irmãs*. Estou acostumado antes a ter uma impressão vaga à primeira leitura dos textos de sua autoria. Daí meu receio que a peça não me conquistasse quando a lesse pela segunda vez. Nada disso ocorreu. Chorei feito mulher. Tentei conter-me, mas não pude. Posso ouvi-lo dizendo: "Mas, perdão, trata-se de uma farsa...". Mas, para a pessoa comum é uma tragédia. Percebo em relação a essa peça uma atitude de especial ternura e afeto. Quase não ouvi palavra de crítica, embora você saiba como os atores adoram criticar. Se alguém por acaso profere uma observação crítica, eu me limito a sorrir e não me dou ao trabalho de argumentar. Fico somente com pena do crítico. Uma pessoa disse: o Quarto Ato é o melhor e o Segundo é menos bem realizado. Tenho apenas de repassar o Segundo Ato, cena por cena, e a crítica é demolida. O Quarto Ato é bom porque o Segundo é magnífico, e vice-versa. Eu proclamo essa peça *hors concours* e não sujeita a críticas. Quem quer que não tenha enxergado isso é um estúpido. É a minha convicção sincera. Atuarei nela com deleite. Se eu pudesse, gostaria de desempenhar todos os papéis, inclusive o da querida Charlotta. Muito obrigado, caro Anton Pavlovitch, pelo imenso prazer que já me deu e pelo que ainda está me reservando. Como eu desejaria renunciar a tudo mais, livrar-me do jugo de interpretar Bruto e trabalhar somente em *O Jardim das Cerejeiras* o dia todo. Esse horrível Bruto pesa sobre mim e extrai de mim todo o sumo. Eu o odeio mais do que nunca depois de ler o doce *Jardim das Cerejeiras*.

Meus calorosos cumprimentos e peço-lhe que não me tome por uma dessas suas neuróticas admiradoras femininas.

Seu afetuoso e devotado

K. Alexêiev (Stanislávski)[131]

Com esse modo de ver, Stanislávski enceta os trabalhos de encenção e, a 2 de novembro, escreve ao autor:

Creio ter afinal encontrado o cenário do Primeiro Ato. É um cenário muito difícil. As janelas devem estar bastante próximas do proscênio, para que toda a sala, de cima e de baixo, possa ver o cerejal; há tres portas; meu! desejo seria de mostrar um canto do quarto de Ânia, claro e virginal. O aposento é um corredor de passagem, mas é preciso dar a sentir aqui, no quarto das crianças, aconchego, calor e luz; o cômodo caiu em abandono, tem um certo ar de lugar vazio. Além disso, o cenário deve ser prático e conter um certo número de áreas de atuação. Lembra-se que no ano passado eu lhe mostrei uma maquete feita para *Onde a linha é fraca, ela se rompe*, de Turguêniev? Na época, decidimos, com sua aprovação, poupar o cenário para o último ato de sua peça. Estive examinando a maquete de novo e verifiquei que, com algumas alterações, é muito apropriada (para o Quarto Ato). Caso se lembre da maquete, tem quaisquer objeções? No momento em que escrevo, está começando o Terceiro Ato de *Tio Vânia*. Há uma resposta entusiástica à peça, é a octagésima nona apresentação e os ingressos renderam 1400 rublos, a despeito de termos representado na noite passada *As Três Irmãs*. Você ganhou, pois, cento e quarenta rublos hoje. Isto não é importante. Mas sabe o que é importante? É que este ano, como jamais antes, a platéia o está realmente entendendo, ouvem em ab-soluto silêncio. Não se escuta uma tossidela na sala, apesar do mau tempo que reina lá fora[132].

A concepção do cenário agradou ao dramaturgo e este dá carta branca ao *metteur en scène*, em 10 de novembro:

---

131. Em *Stanislavski's Legacy*, pp. 123-124.
132. *Idem*, pp. 124-125.

Sem dúvida, para o Terceiro e Quarto Atos pode-se utilizar o mesmo cenário. Em geral, não se incomode a respeito dos cenários; eu me inclino e fico sempre boquiaberto quando estou em seu teatro... Tudo o que fizer será sempre maravilhoso e cem vezes melhor que se eu mesmo o inventasse... Dúnia e Epikodov permanecem sempre em pé diante de Lopakhin. Lopakhin, por sua vez, apresenta o desembaraço de um *barine*, tuteia os criados domésticos que, por seu turno, o tratam por vós... Se não vou agora a Moscou, é por culpa de Olga (Kníper). Acertamos entre nós que eu não iria enquanto ela não me desse ordem... Eu não vi ainda *No Fundo* de Górki, a peça de Íbsen e *Júlio César*. Por isso irei vadiar toda noite no teatro de vocês[133].

Antes mesmo de receber essa aprovação, o encenador ganha impulso na sua interpretação do texto:

Estive ocupado com o segundo ato, por fim consegui pô-lo em forma. Penso que saiu encantador. Esperemos que o cenário seja um sucesso. A capelinha, uma ravina, um cemitério abandonado no meio de um pequeno oásis florestal em plena estepe aberta. No lado direito e no centro não haverá bastidores. Ver-se-á apenas ao longe o horizonte. Isso será realizado com um único telão de fundo semicircular (ciclorama), com planos interpostos para aprofundar a perspectiva. À distância, divisa-se o brilho de um riacho e o solar sobre uma ligeira elevação, postes telegráficos e um viaduto de estrada-de-ferro. Permita que eu faça passar um trem durante uma das pausas, com uma estria de fumaça. Isso poderia surtir bom efeito. Antes do pôr-do-Sol, haverá um breve vislumbre da cidade, e perto do fim desse ato, cerração; ela será particularmente densa sobre o fosso da antecena. Bem no fim, haverá um concerto de rãs e ralas d'água. No proscênio, à esquerda, um campo ceifado e um pequeno feixe de feno, onde um grupo que saiu a passeio representará a cena. É para os atores; isso os ajudará a vivenciar seus papéis. O tom geral do cenário é como o das pinturas de Levitan[134]. A paisagem é a da província de Orel, não mais ao sul que Kursk.

O trabalho está sendo executado da seguinte maneira: Nemírovitch-Dântchenko ensaiou o Primeiro Ato ontem e hoje eu redigi (o plano para) os outros atos. Eu não ensaiei ainda a minha própria parte. Continuo indeciso sobre os cenários para o Terceiro e Quarto Atos. A maquete está pronta e saiu muito boa, apresenta-se cheia de atmosfera e, além disso, está elaborada de tal modo que suas partes são visíveis a todos no auditório. Bem na frente aparece algo como arbustos. Bem mais para o fundo do palco ficam as escadas

133. Em "Anton Tchekhov et La Cerisaie", *Cahiers de la Compagnie Madeleine Renaud – Jean Louis Barrault*, nº VI, p. 53.

134. Pintor, amigo de Tchékhov, um dos principais impressionistas russos, famoso por suas paisagens e por suas tintas tonais e desmaiadas (1861-1900).

e a sala de bilhar. As janelas estão pintadas sobre as paredes. O cenário é mais adequado para o baile. Ainda assim uma voz baixinha continua cochichando no meu ouvido que se tivermos um só cenário, que modificaremos no Quarto Ato, será mais fácil e mais confortável para se representar nele. O tempo, infelizmente, está terrível. Tudo começou a fundir-se de novo e chove com freqüência. Seu

K. Alexêiev[135]

Mas, na sua resposta a essa carta, em 23 de novembro, Tchékhov já se mostra menos efusivo do que antes com a proposta de Stanislávski. Diz ele:

Caro Konstantin Serguêievitch

A colheita ocorre em geral por volta de 20 a 25 de junho e, nessa época, parece-me que a rala não canta mais e as rãs se calam mais ou menos. Há somente o verdelhão. O lugar não é mais um cemitério; era-o, faz muito tempo. Duas ou três lajes de arenito, é tudo o que dele resta. Um viaduto vai muito bem. Se o trem puder passar por ele, sem fazer barulho, sem nenhum ruído, siga em frente; nada tenho contra o uso do mesmo cenário para os Terceiro e Quarto Atos, desde que no Quarto Ato se possa entrar e sair com naturalidade. Espero sem cessar o dia e a hora da permissão que devo receber de minha mulher para ir a Moscou. Já começo a suspeitar que, talvez, minha esposa esteja usando de rodeios... Estou sentado à minha secretária e olho a todo instante para o telefone. É pelo telefone que me são transmitidos os telegramas, enquanto espero a cada minuto ser enfim chamado a Moscou[136].

Tchékhov crê, com isso, haver simplificado os excessos naturalistas de Stanislávski, embora aceitando no essencial a sua proposta cênica. A propósito, observa o dramaturgo, em missiva a Nemírovitch-Dântchenko:

Reduzi a cenografia ao mínimo, não há necessidade de cenários extraordinários, não se trata de inventar a pólvora... No Segundo Ato, substituí o riacho por uma velha capela e um poço, é mais tranqüilo. Só que vocês terão de me

---

135. *Stanislavski's Legacy*, pp. 125-126.
136. *Cahiers...*, *idem*, p. 55. Tornando evidente o seu desacordo, escreve no mesmo dia a Olga L. Kníper, sua mulher: "Bom dia, meu cavalinho húngaro. Quando mandarás vir o teu marido?... Stanislávski quer fazer passar o trem no segundo ato, mas eu acho que se deveria impedi-lo de fazer isso. Ele também quer rãs e ralas [...]", *Ibidem*.

O Jardim das Cerejeiras, *de A. Tchékhov. Acima: Trofímov (L. Bernêsev) e Ânia (A. Tarásova); abaixo: Duniascha (V. Orlova) e Iascha (N. Aleksândrov).*

O Jardim das Cerejeiras:
*Gáiev (K. Stanislávski) e
Iepikhodov (I. Môskvin),
1904.*

Cenas do Primeiro e Quarto Ato de O Jardim das Cerejeiras.

A.P. Tchékhov.

Três figuras que tiveram papel importante no destino do TAM. Da esquerda para a direita: L. Andrêiev, L.A. Sulerjítzki e M. Górki.

dar aí um verdadeiro campo verde, um caminho e um longe mais profundo, como não se vê em geral em cena[137].

Verifica-se, pois, que a distância entre o autor e o *régisseur* não é tão grande no tocante à cenografia. Pode-se até dizer que no básico estão de acordo. Mas tudo muda quando a discussão passa a girar em torno do tom a ser impresso ao espetáculo. Tchékhov insiste em que deva ser alegre, num ritmo mais vivo, ao passo que Stanislávski quer infundir à peça um compasso mais longo, uma impostação algo sufocada, uma inflexão dramatizante. Quer do ponto de vista auditivo, quer visual, procura suscitar uma sugestão de melancolia e uma paisagem visual impregnada de lirismo. Assim é o cerejal em flor que assoma a todas as janelas, a capela em ruínas, as sombras que começam a envolver a velha mansão na tristeza de seu fado.

A mesma diferença surge com respeito aos efeitos sonoros. Entretanto, por paradoxal que pareça, o próprio Tchékhov instilou em *O Jardim das Cerejeiras* sons dos mais diversos, destinados a engendrar reações emotivas no espectador: cantos de pássaros, sinetas de cavalos, dolências de guitarra, música de dança e, mesmo sem falar na música da orquestra judia, um som inteiramente simbólico, como o de um cabo a romper-se. Na cena do Segundo Ato, em que "Todos estão sentados, imersos em seus pensamentos. Silêncio. Ouve-se apenas o resmungar abafado de Firs. De repente ecoa um som distante, que parece vir do céu e soa como as vibrações de uma corda de violino que rebenta, extinguindo-se lenta e melancolicamente". Uma das personagens, Lopakhin, interpreta-o, pouco abaixo, para Liubov Andreievna, a dona da herdade: "Talvez seja o som de uma vagoneta solta a despencar no fundo de uma mina, ao longe"[138]. O mesmo som repercute na cena final do Quarto Ato, quando Firs, o velho criado, que ficou sozinho dentro da casa, agoniza e morre diante da porta trancada do velho solar:

137. Em N. Gourfinkel, *op. cit*, p. 94.

138. "The Cherry Orchard", in *Three Plays*, A. Tchékhov, trad. de E. Fen, segundo ato, p. 57. Cf. também a mesma peça em *Master pieces of the Russian Drama*, ed. por George Rapall Noyes, v. II, e no *Teatro Completo*.

"O silêncio instala-se, interrompido apenas pelo ruído de um machado abatendo uma árvore, ao longe, no cerejal"[139].

Não há dúvida, portanto, que numerosos incentivos, vindos do próprio texto, contribuíram para que Stanislávski julgasse estar no caminho certo e procurasse materializar, por meio de um minucioso trabalho de engastamento de signos visuais e sonoros, a atmosfera lírica, com sugestões trágicas, tão intensa nessa obra de Tchékhov, e não se poderia pretender que se tratou, de parte do *régisseur*, de mera busca de efeitos naturalistas pelo detalhe, isto é, de um atendimento deliberado de requisitos de escola artística. Ainda assim, Tchékhov nesse caso não arredou de seu ponto de vista. Talvez estivesse também particularmente irritado com Alexêiev porque este, em vez de aceitar o papel de Lopakhin, que o dramaturgo quis atribuir-lhe, a fim de infundir à personagem uma feição mais amena, assumira o de Gáiev, uma personagem que o autor concebera como francamente cômica, não admitindo que a atenuassem com um *ralentissement* dramático e uma pintura em pastel. Seja como for, o fato é que Tchékhov não escondeu sua reprovação a toda a *mise en scène*, após assistir à estréia da montagem. Voltando para a Criméia, pois sua saúde ia de mal a pior, diz ele numa carta de 29 de março de 1904 dirigida a Kníper:

> [...] Lulu e K. L. viram *O Jardim das Cerejeiras* durante este mês de março; ambos dizem que Stanislávski interpreta odiosamente mal, que ele retarda o ritmo! Como isso é medonho! Esse ato não deve durar mais de doze minutos no máximo, dura na interpretação de vocês quarenta minutos. Só posso dizer uma coisa: Stanislávski massacrou minha peça. Mas que Deus o acompanhe! Eu não quero mal a ele por isso [...][140].

A pergunta que resta é: até que ponto seria possível dar conta do Quarto Ato em doze minutos, quando o texto apresenta dez pausas explícitas e pelo menos cinco outros momentos que as implicam igualmente?

Mas a verdade é que Tchékhov não consegue fazer paz com a idéia geral que preside a encenação de sua peça e a

139. *Idem*, p. 90.
140. *Cahiers...*, *ed. cit.*, pp. 61-62.

marcação rítmica adotada, em conseqüência. Ele dera à obra escrita o subtítulo de "comédia" e não entende

[...] Por que nos cartazes e em todas as publicações meu texto é citado como "drama"? Nemírovitch e Stanislávski vêem realmente outra coisa em minha peça que eu não escrevi e sou capaz de jurar que os dois não a leram uma só vez atentamente. Eu lhe peço perdão, mas estou certo disso e tenha em vista não apenas o cenário do segundo ato, tão terrível, mas também muitas outras coisas que não oferecem a menor relação com o que escrevi... Aqui, em Ialta, "um horror ambulante", de passagem, representa *O Jardim das Cerejeiras*... num palco com dois passos de largura[141].

Aparentemente, sua discordância com a "versão" tche-khovista de suas criações teatrais não se cinge à última peça, pois, por volta da mesma época, teceu o seguinte comentário geral sobre a maneira de o Teatro de Arte de Moscou interpretá-las: "Eu não escrevi minhas peças para fazer chorar, foi Stanislávski que as tornou choronas"[142].

Pode-se divisar nesse conflito, que deixa de ser latente a essa altura, e que a morte de Tchékhov impediu de evoluir e assumir outras feições, algo que vai além do mero entrechoque de opiniões e sentimentos produzidos por um mesmo objeto em personalidades diferentemente relacionadas com ele no plano criativo, mas que, em última análise, poderiam chegar a um acordo entre si sobre os pontos essenciais da obra em cuja realização estavam empenhadas, um como autor e outro como encenador de um e mesmo texto teatral a ser convertido em espetáculo cênico. Tudo é, sem dúvida, bastante ambíguo nesse confronto e nas reações mútuas que o balizam. Contudo, transparece uma nítida diferença de leitura. Stanislávski sentiu e decodificou como um fluxo de ações dramáticas que se encadeavam e colimavam, ao nível do sentido fundamental das operações de seus actantes personificados, numa construção predominantemente trágica das emoções suscitadas, o que era para Tchékhov, pelo que se pode inferir, um conjunto teatral de quadros de figuras e situações, esboçados não como cópia mas como síntese do natural. Dispostos numa sucessão discreta, segundo uma plasmação de acentuado cunho épico,

141. *Idem*, p. 62
142. Ver N. Gourfinkel, *C. Stanislavski*, p. 96.

intelectual e simbólico, com fundas incisões irônicas a cortar a continuidade de sua "atmosfera" e dos "estados de ânimo", eram postos a vagar entre os valores fixos de "caráter" e de "gênero" e eram abertos como finalidade à sugestão não finalizada entre o cômico e o trágico, com o propósito de expor a contradição e a ambivalência das criaturas e das condições. E o curioso nessas duas captações é que o dramaturgo e o *régisseur*, cada um a seu modo, tinham ambos razão. Stanislávski, à luz de seu tempo, do processo de renovação estética da cena que abria caminho através do tchekhovismo do TAM, e não apenas de um estrito naturalismo teatral; Tchékhov, quando visto com os olhos de hoje, de um teatro moderno sintético, onde as funções do absurdo e do grotesco se impuseram tanto na farsa como no drama, enquanto elementos extremados não só de estranhamento cômico, mas também de identificação trágica.

Compreende-se, portanto, que o Teatro de Arte de Moscou não pudesse nem quisesse renunciar aos resultados de um trabalho que se lhe afigurava, naquele momento, como uma inequívoca "verdade" teatral, que o público consagrava, cobrindo de lágrimas sem remorsos, numa espécie de ritual e dobre fúnebre, a imagem cênica de sua própria existência num mundo que se extinguia, *malgré soi*. Por outro lado, com a montagem de O *Jardim das Cerejeiras*, Stanislávski e Dântchenko levavam o tchekhovismo teatral, que, a despeito das resistências salientadas acima, já haviam logrado impor em certa medida ao próprio Tchékhov, até o seu pináculo cênico e artístico, completando o processo pelo qual o centro de gravidade estética do TAM era transferido do naturalismo arqueológico para o verismo e o impressionismo psicológicos ou, nos termos de Stanislávski, para o "realismo interno".

Assim, graças a esse traslado de acento, a arte teatral em conjunto e o teatro russo especificamente foram enriquecidos com uma nova e importante forma de expressão cênica e revelação dramática do mundo emocional das personagens, o chamado "teatro de atmosfera" ou de "estado de alma". Tratava-se não apenas de uma tendência da montagem e da encarnação da *persona* no palco, mas também de uma certa técnica de ator, que foi se afirmando *pari passu*. Assim, evidenciou-se que uma mesma experiência era passível de

V.I. Katchálov, um dos grandes intérpretes do TAM.

Konstantin Stanislávski, 1935. Caricatura de Boris Livánov.

Vladímir Nemírovitch-Dântchenko, 1944. Caricatura de Boris Livánov.

O Drama da Vida, de K. Hamsun. Estes esboços de Stanislávski no caderno de direção têm uma preocupação plástica que se liga às buscas de Stanislávski, nesta época, no domínio da expressão corporal. Cabe assinalar que pertencem ao período imediatamente posterior (1907) àquele que se associou a Meierhold para desenvolver o Teatro Studio.

caracterizar-se por numerosas colorações e nuanças, conforme o ânimo do sujeito em dado momento e a influência de determinados fatores e circunstâncias internos e externos. O "clima" ou o "estado de humor" representam, na verdade, um certo acorde tonal, um *leitmotiv* subjetivo que subordina e colore as sensações humanas a pulsar nas personagens. Toda sorte de recursos, desde os que se destinavam apenas a atuar sobre um instante fugaz do fluxo íntimo da emotividade, até os que visavam moldar conjuntos ambientais inteiros, foram para tal efeito empregados. Muitos, naturalmente, provinham dos velhos arsenais do teatro, mas não foram poucos os que tiveram de ser não apenas adaptados, porém inventados. A arte da representação teatral como cenotécnica não se enriqueceu menos do que o jogo interpretativo de atores. Tudo devia suscitar imitativa, mas também, musicalmente, uma certa e definida disposição anímica no intérprete e harmonizá-lo com a materialidade cenográfica num todo integrado por sua realidade humana e verdade artística na cena do espetáculo.

Embora o TAM não ficasse tão-somente nesse empenho de exprimir a dimensão interna da concretude humana, e tendo partido do interesse pelo modo como ela se apresentava enquanto fato externo, haja percorrido igualmente, como vimos, a estrada que levava ao drama de significação social ou à peça de fantasia simbolista e de especulação puramente intelectual, é certo que encontrou no verismo psicológico, através da vivência interpretativa, uma de suas principais características, ficando o seu nome associado a ele na história da arte cênica. A sua coroação dar-se-ia, mais à frente, com o que veio a ser chamado de método ou sistema de Stanislávski.

Com efeito, é no teatro de atmosfera e nas buscas de aprofundamento psicológico empreendidas a fim de solucionar a sua problemática que se devem procurar as origens da técnica do desempenho interior e dos procedimentos do stanislavskismo sistemático. Como esse método é, sob certo ângulo, não só a síntese das tendências teatrais que se polarizaram no Teatro de Arte coletivamente e em Stanislávski individualmente, será por assim dizer a expressão da técnica, da estética e até mesmo da ética de um tipo de teatro e de posição com a qual Meierhold veio chocar-se e contra a qual irá investir.

DESTAQUES DE UM ROTEIRO

A trajetória percorrida por este trabalho, de conformidade com algumas suposições esboçadas no preâmbulo, permite destacar que:

Apesar do impacto do pensamento positivista e da corrente naturalista do Ocidente sobre o que se poderia chamar de "vanguarda" teatral russa da época, esta contou também com importantes estímulos e apoios provenientes da própria Rússia. Dentre os fatores dessa ordem, deve-se incluir – além das acentuadas transformações econômicas pelas quais passou o Império Czarista nas últimas décadas do século XIX e que fizeram emergir particularmente em Moscou uma camada de grandes empresários com larga disponibilidade material e propensos, em vários casos, ao mecenato artístico – elementos de ordem puramente cultural e artística já atuantes na vida russa, como a tradição realista da "escola natural" na literatura, de Schchépkin e Ostróvski na cena dramática, e as experiências de integração operística realizadas por Mamôntov.

Foi nesse contexto que Konstantin Alexêiev se educou e desenvolveu o seu gosto pelo teatro, uma inclinação que apareceu muito cedo em sua vida. O caminho que Stanislávski percorreu em sua chamada "adolescência teatral" não foi o de uma relação fortuita, mas, sim, o de uma ligação constante com a arte cênica, tendo os seus sucessivos aprendizados, que podem parecer na disposição histórica cheios de claros, uma natureza até exaustiva, pois compreendem grande parte do que, em qualquer homem de teatro, poderia consistir uma abrangente formação teatral.

A instrumentação cuidadosa, a composição minuciosa e a interpretação rigorosa são características do trabalho de Stanislávski desde a sua juventude, e tudo o que se sabe acerca de suas apresentações como amador na Sociedade de Arte e Literatura permite afirmar que já era sensível nelas uma qualidade cênica marcante, produto de um labor teatral não só digno do melhor nível profissional da época, como obsecado quase pela busca da perfeição.

A sensibilidade e o espírito crítico, em Stanislávski, aplicam-se não apenas à arte do diretor e do ator na pura concretização cênica. Desde logo percebe-se no jovem artista uma tendência para submeter incessantemente toda a sua atividade dramática a uma análise e a uma reflexão que serão os motores de uma busca e experimentação incessantes a fim de alcançar os verdadeiros e autênticos meios de expressão representativa do teatro e, mais do que isso, os elementos de um pensamento e uma visão capazes de dar conta de maneira orgânica e integrativa, coerente e globalizante do fenômeno teatral. Se tais esforços estavam, na época, longe de atingir os momentos de maturidade, já funcionavam como traço diferenciador no panorama cênico moscovita e infundiam à atuação e aos espetáculos de Alexêiev uma qualidade que, em meio a muitos defeitos e erros, não deixava de rebrilhar aqui e ali, numa e noutra montagem, sendo algo que não podia escapar a alguns dos melhores observadores locais.

Explica-se, assim, o interesse de Vladímir Nemírovitch-Dântchenko, um notável conhecedor e fino analista da cena

A Vida do Homem, *de L. Andrêiev. Desenho de V. Egôrov. Cena do baile. O desenho traduz as buscas de Stanislávski na época (1907), em termos de composição plástica dos gestos e das posições.*

O Pássaro Azul, *de M. Maeterlink. Encenação de K. Stanislávski, 1908. Vê-se aí que o encenador desenvolve um jogo cênico, marcado pela gestualidade, e voltando para o conto de fadas, dentro de um espaço cenográfico rigorosamente geometrizado.*

e da dramaturgia da época, por uma cooperação com um diretor e intérprete que, a um olhar menos avisado, talvez parecesse pouco mais do que um rico diletante a dedicar suas horas vagas ao teatro amador. O Teatro de Arte de Moscou, que nasceu desse encontro de Dântchenko com Stanislávski, respondendo a uma efervescência perceptível nos meios intelectuais e artísticos com respeito às formas de expressão cênica, não foi uma empresa lançada ao acaso. Se a ninguém era dado antecipar a sua evolução, não é menos verdade que obedeceu, desde o começo, a um projeto teatral com um programa de renovação cênica e objetivos estéticos, culturais, éticos e nacionais definidos.

Com esse horizonte, Stanislávski e Dântchenko puseram em cena um repertório cujo principal acento parecia recair no naturalismo cenográfico, histórico, arqueológico e ambiental, o da reconstituição das exterioridades representativas, *à la* Meininger.

Quase ao mesmo tempo, porém, recorta-se na perspectiva do TAM, através de Dântchenko, o vulto de Tchékhov. Stanislávski é, na época, um admirador dos relatos desse autor, mas não de seu teatro. Considera-o, como a maior parte dos críticos, se não canhestro do ponto de vista dramático, ou inteiramente inviável, pelo menos pouco suscetível de uma eficácia cênica, em termos do que se mostra e do que se diz na peça teatralmente de fato comunicativa, isto é, capaz de ser recebida e efetivamente decodificada pelo público.

Com *A Gaivota*, para a qual Konstantin Stanislávski, instado por seu parceiro Dântchenko (um entusiasta desse drama) escreveu uma minuciosa e brilhante *mise en scène*, *malgré soi* e a despeito do próprio dramaturgo, que, como o encenador, tampouco acredita nas virtudes teatrais de seu texto, inicia-se o caminho da descoberta das potencialidades cênicas da escritura lírica do drama e de seus subtextos[1]. O encontro do TAM com Tchékhov foi, para a companhia, o encontro com um dos principais fautores de uma definição

1. 1. A técnica exploratória dos subtextos é, segundo me parece, uma contribuição da maior relevância para a direção e interpretação contemporâneas, abrindo um caminho ímpar para a individualização e personalização das montagens.

estética desse teatro como conjunto e, para Stanislávski particularmente, o encontro de uma nova via de penetração não só na alma da peça como na do intérprete: a da mímese interior (isso para ficar, sem uma discussão crítica mais detida, com a conceituação do próprio Stanislávski).

O tchekhovismo no TAM, independentemente de suas demais encenações e, sem dúvida, a partir de certo momento influindo profundamente nelas, teve o seu ponto alto, como processo, em *As Três Irmãs*, e o seu extremo em *O Jardim das Cerejeiras*. A encenação de *O Jardim das Cerejeiras*, que muitos consideraram a obra-prima do TAM, põe a nu os equívocos da leitura que autor e encenador faziam da peça, em torno dos quais girou não só um desencontro da interpretação textual e cênica, como toda uma definição estilística que se impôs, enquanto caminho descoberto nas ambigüidades do texto pelo "estado de espírito", pelas condições culturais e pelas expectativas artísticas que nelas se polarizavam.

O tchekhovismo surgiu, portanto, como a resultante estilística de um amplo processo, que se desenvolveu por um caminho próprio, nem sempre coincidente com a vontade explícita de seus principais agentes, no caso: Tchékhov, Stanislávski e Nemírovitch-Dântchenko. Em termos de teoria e prática teatrais, o tchekhovismo e o stanislavskismo como seu instrumento de representação cênica, ao mesmo tempo que levam o naturalismo no teatro a uma de suas manifestações mais rematadas e radicais, constituem, pelos próprios elementos impressionistas e simbolistas que encerram, um fator de fermentação e um reagente de cristalização do movimento que irá se contrapor a ele, no âmbito russo.

De Tchékhov e de Stanislávski é que Meierhold, cujas buscas e tendências começam a torná-lo o ponto de convergência teatral da escola simbolista, partirá para a sua procura do Teatro da Convenção. E, na medida em que o stanislavskismo for abandonando a especificidade tchekhoviana para converter-se num método e numa forma de pensar e realizar o trabalho teatral *tout court*, transformando-se no expoente por excelência da mímese realista no seu sentido mais profundo, nessa medida irá se definindo o seu principal opositor, o palco formalista com seu apelo à expressividade plástico-imaginativa, uma proposta com a qual as formulações stanislávskianas terão vários momentos de cruzamento e da qual absorverão diferentes sugestões, mas com que jamais poderão comungar em termos de princípios básicos.

Essa relação é fundamental, cabe crer, para a compreensão histórica e estilística do processo cênico russo e, na proporção em que este desborda para o palco internacional, da história do teatro moderno.

Como conclusão, cumpre dizer que se os destaques acima apresentados refletirem de algum modo a realidade dos fatos teatrais a que devem corresponder ou, pelo menos, ao universo cênico que se desenha ao fundo das múltiplas e diferentes análises que tentaram apreendê-los, estará estabelecida a base a partir da qual será possível empreender o estudo da reteatralização do teatro, sob o prisma meierholdiano – aspiração prospectiva do presente trabalho sobre Stanislávski.

APÊNDICE

UMA SÁTIRA DE TCHÉKHOV[1]

OS TRÁGICOS IMPUROS E OS DRAMATURGOS LEPROSOS

Uma trrragédia tremendamente-terrivelmente-
-espantosamente desesperada

Atos numerosos, quadros ainda mais

1. A presente tradução para o português foi realizada originalmente a partir de uma versão em língua inglesa. Graças a Boris Schnaiderman, tornou-se possível cotejá-la com o texto russo constante das *Obras Completas de A. P. Tchékhov* (inclusive *Cartas*), edição da Academia de Ciências da URSS, vol. II, Moscou, 1975, de onde procedem também as informações enfeixadas nas notas. Vale ressaltar que, publicada pela primeira vez na revista satírica *Budilnik* ("O Despertador"), nº 4, 1884, a paródia mereceu do próprio autor o seguinte reparo, que se conservou numa cópia manuscrita: "N.B. Não entrará nas obras completas. A. Tchékhov". Mas, como é natural, independentemente da vontade expressa do dramaturgo ou do juízo que se tenha feito acerca do valor do escrito, o texto passou a ser incluído nas edições do legado tchekhoviano, principalmente nas de cunho crítico.

MIKH. VAL. LENTOVSKI, um homem e empresário

TARNOVSKI, um angustiante tuteador de diabos, baleias e crocodilos, pulso 225, temperatura 42,8°

PÚBLICO, uma senhora agradável em todos os sentidos; come tudo o que lhe servem

KARL XII, Rei da Suécia[2]; tem modos de bombeiro

BARONESA, morena não desprovida de talento; não recusa papéis triviais

GENERAL ERENSWERD[3], um homenzarrão terrível com voz de mastodonte

DELAGARDI[4], um homem comum; desempenha seus papéis com o desembaraço... de um ponto

ESTELA, a irmã do empresário[5]

BURL, um homem introduzido sobre os ombros de Svobodin[6] Hansen[7]

OUTROS

§

Epílogo[8]

A cratera de um vulcão. Junto a uma escrivaninha, coberta de sangue, Tarnovski aparece sentado; sobre os ombros, em vez de cabeça, tem uma caveira, o enxofre queima em

2. A peça que é objeto da paródia de Tchékhov se passa na Suécia, ao tempo de Carlos XII.

3. No texto parodiado, comandante da fortaleza de Cristianstaadt.

4. No texto parodiado, secretário de Estado chegado ao rei. Delagardi é o leproso erroneamente suspeito de traição e por isso encarcerado na fortaleza de Cristianstaadt.

5. Irmã de Lentovski, uma das atrizes de seu teatro.

6. P. M. Svobodin representou o papel do simplório Burl. Tchékhov havia elogiado o seu desempenho antes de escrever a farsa.

7. Mestre de balé, no teatro de Lentovski.

8. "Eu quis substituir por 'Prólogo', mas a redação afirma que, nesse caso, quanto mais inverossímil tanto melhor. Façam como quiserem!" (Anotação do tipógrafo que compôs pela primeira vez o texto e que figura nas provas tipográficas.)

sua boca; pequenos diabinhos verdes, sorrindo com desdém, saltam-lhe das narinas. Ele embebe a pena, não num tinteiro, mas na lava que bruxas mexem. É terrível. Calafrios que rastejam subindo pela espinha das pessoas voam pelos ares. No fundo do palco, tendões frementes estão suspensos em ganchos vermelho-rubros. Trovões e relâmpagos. O almanaque de Alexsei Suvorin *(o secretário provincial)* encontra-se exatamente ali, profetizando com a imparcialidade de um oficial de justiça a colisão da Terra com o Sol, o aniquilamento do universo e o aumento de preços dos produtos farmacêuticos. Caos, terror, medo... A imaginação do leitor suprirá o resto.

TARNOVSKI (*roendo a pena*) – Como é que vou escrever uma coisa dessas, diabo que a carrregue? Não consigo pensar em nada! Já houve *Uma Viagem à Lua*... e um *Vagabundo* também... (*Bebe petróleo em chamas.*) Tenho que inventar uma coisa diferente... uma coisa de tal ordem que as mercadoras em Zamoskvorestsk sonhem com demônios três dias sem parar... (*Esfrega o osso frontal.*) Hum... Mexa-se, grande cérebro! (*Põe-se a pensar; trovões e relâmpagos; ouve-se o reboar de mil canhões, executado a partir de um desenho do sr. Schekhtel; dragões, vampiros e cobras saem rastejando das gretas; diretamente na cratera cai um imenso baú, do qual emerge Lentovski, envergando um enorme cartaz.*)

LENTOVSKI – Olá, Tarnovski.

TARNOVSKI, BRUXAS e OUTROS (*juntos*) – Salve, Excelência.

LENTOVSKI – Bem, e daí? A peça está pronta, diabo que a carregue? (*Agita um porrete.*)

TARNOVSKI – De jeito nenhum Mikhail Valentinich... Eu continuo pensando, agora, aqui sentado, mas não consigo inventar nada. Você me deu uma tarefa muito dura! Você quer que minha peça faça o público gelar, que haja um terremoto no coração das mercadoras de Zamoskvoretsk, a tal ponto que as luzes se apaguem com meus solilóquios... Mas admita, agora, isso é impossível, mesmo para um dramaturgo tão grande como Tarnovski! *(Tendo--se elogiado a si mesmo, sente-se embaraçado.)*

LENTOVSKI – Bobbagens, com os diabbos! Mais pólvora, fogos de bengala, mais solilóquios bombásticos – e é só! No interesse da apresentação de trajes vistosos, use a alta sociedade... com os diabbos... Traição... Prisão... A moça que o prisioneiro ama é casada à força com o vilão... Daremos a Píssarev o papel do vilão... Depois, uma fuga da prisão.... tiros... não vou economizar pólvora... Depois, uma criança, cujo nascimento nobre só é revelado mais tarde... No fim, tiros de novo, fogo mais uma vez e o triunfo da virtude... Em suma, cozinhe um caldo batido, como Rocambole e o Conde de Monte Cristo... *(Trovões, relâmpagos, geada, orvalho. O vulcão entra em erupção. Lentovski lança-se para fora.)*

Primeiro Ato

Público, Indicadores, Hansen e Outros.

INDICADORES *(ajudando o público a tirar os casacos)* – Alguma coisinha, Excelência! *(Não tendo recebido gorjeta, agarram o Público pela aba dos casacos.)* Ó, negra ingratidão!!! *(Envergonham-se pela humanidade.)*

ALGUÉM DO PÚBLICO – De modo que o sr. Lentovski está bem, de novo?

INDICADOR – Já começou a brigar; quer dizer que está bem.

HANSEN *(vestindo-se em seu camarim)* – Vão ficar assombrados comigo! Eu vou mostrar a essa gente! Todos os jornais vão começar a falar!

(O ato continua, mas o leitor está impaciente; está ansioso pelo segundo ato; portanto – pano!)

Segundo Ato

*O Palácio de Karl XII. Atrás dele, Valts[9] está engolindo
espadas e tições em brasa. Trovões e relâmpagos.*

Karl XII e seus Cortesãos

KARL (*caminha pelo palco e rola o branco dos olhos*) – Delagardi! Você traiu sua pátria! Entregue a espada ao capitão
e queira desfilar para a cadeia!

DELAGARDI (*diz algumas palavras sentidas e sai*).

KARL – Tarnovski! Em sua angustiante peça você me obrigou
a viver mais dez anos. Queira dirigir-se à prisão! (*para a
Baronesa*) Você ama Delagardi e tem um filho dele. No
interesse da intriga, eu não devo estar sabendo do fato, e
tenho de casá-la com um homem que você não ama. Vá
e case-se com o General Erenswerd.

BARONESA (*casando-se com o General*) – Ah!

GENERAL ERENSWERD – Vou torrefazer todos eles! (*É nomeado
superintendente da cadeia na qual Delagardi e Tarnovski
se acham presos.*)

KARL – Bem, agora estou livre até o quinto ato. Vou para o
camarim!

Terceiro e Quarto Atos

ESTELA (*representa como de costume, nada mal*) – Conde,
eu o amo!

Jovem Conde – Eu a amo, Estela, mas rogo-lhe em nome do
amor, diga-me por que diabo Tarnovski me meteu nessa
embrulhada? Que necessidade tem ele de mim? O que
tenho a ver com essa intriga?

BURL – Mas foi Sprut quem fez tudo isso! Foi por causa dele
que acabei no exército. Ele me bateu, me perseguiu, me
mordeu... E que eu não me chame Burl se não foi ele
quem escreveu esta peça! Ele é capaz de tudo só para
me atenazar!

9. K. F. Valts era cenógrafo e chefe de cenotécnica nos Teatros Imperiais de Moscou; também trabalhava para Lentovski.

ESTELA (*tendo descoberto sua origem*) – Eu vou pôr papai em liberdade! (*A caminho da prisão dá de encontro com Hansen. Hansen executa um* entrechat.)

BURL – Por causa de Sprut, acabei no exército e estou tomando parte nesta peça. Foi provavelmente esse Sprut que também fez Hansen dançar, só para ele me atenazar! Mas espere só um pouco! (*Os suportes cedem. O palco desmorona. Hansen executa um salto que leva todas as velhas solteironas da platéia a quase desmaiar.*)

Quinto e Sexto Atos

ESTELA (*encontra o pai na prisão e arma um plano para fugir com ele*) – Eu vou te salvar, pai... Mas como fazer para que Tarnovski não venha conosco? Assim que escapar da prisão, ele escreverá um novo drama!

GENERAL ERENSWERD (*tortura a Baronesa e os Prisioneiros*) – Já que sou o vilão, não devo de modo algum parecer uma criatura humana! (*Come carne crua.*)

PELAGARDI E ESTELA (*fogem da prisão*).

TODOS – Segurem eles! Peguem eles!

DELAGARDI – Não importa como vai ser lá, nós escaparemos, apesar de tudo, e ficaremos sãos e salvos! (*Um tiro*) Quem se importa! (*Cai morto.*) E quem dá bola pra isso! O autor é quem mata e é ele quem ressuscita! (*Karl sai do camarim e ordena à Virtude que triunfe sobre o Vício. Júbilo de todos. A Lua sorri e as Estrelas sorriem também.*)

PÚBLICO (*indicando Tarnovski a Burl*) – Ali está ele, o tal Sprut! Peguem o homem!

Burl (*Estrangula Tarnovski. Tarnovski cai morto, mas imediatamente salta em pé. Trovões, relâmpagos, geada, o assassínio de Coverley[10], uma grande migração de povos, naufrágio de navios e a recomposição de todas as partes.*)

Lentovski – Mas eu ainda não estou satisfeito! (*Desaparece através do assoalho.*)

---

10. *O Assassínio de Coverley*, um melodrama, traduzido do francês.

BIBLIOGRAFIA

Bibliografia Específica

BABLET, Denis. *Le Décor de Théâtre*. Paris, Éditions du C.N.R.S., 1965.

BALUKHATY, S. D. (ed.). *The SeaGull produced by Stanislavsky*. Trad. por D. Magarshack. London, Denis Dobson, 1962.

CARTER, Hunfley. *The New Spirit in the Russian Theater*. London, Brentano's Ltd., 1929.

Cahiers de la Compagnie Madeleine Renaud – Jean Louis Barrault. Paris, Julliard, 1956, n. VI.

CHEKHOV, Anton. *Letters*. Selecionadas e editadas por Louis S. Friedland. New York, Dover Publications, 1966.

_____ . *The Plays*. Trad. de Elisaveta Fen. Harmondsworth, The Penguin Classics, 1951.

_____ . *Teatro Completo*. Madrid, Aguilar, 1979.

CHEVREL, C. A. *Le Théâtre Artistique de Moscou*. Paris, Éditions du Centre National de la Recherche Scientifique, 1979.

COLE, Toby e CHINOY, Helen Krich (ed.). *Directors on Directing*. New York, The Bobbs, Merril Company, Indianapolis, 1963.

ÉVREINOFF, Nicolas. *Histoire du Théâtre Russe*. Paris, Éditions du Chêne, 1947.

GORCHAKOV, Nikolai A. *The Theater in Soviet Union*. New York, Columbia University Press, 1957.

GOURFINKEL, Nina. *Constantin Stanislavski*. Paris, L'Arche Editeur, 1955.

GRUBE, Max. *The Story of the Meininger*. Ed. by Wendell Cole. University of Miami Press, Coral Gables, 1963.

HAPGOOD, Elizabeth Reynolds (ed. and trans.) *Stanislavsky's Legacy*. New York, Theatre Arts Book, 1968.

_____ . *K. Stanislavsky*. Moscou, Progress Publishers, 1963.

LAFFITE, Sophie. *Chekhov par lui-meme*. Paris, Éd. du Seuil, s.d.

LO GATTO, Ettore. *Storia del Teatro Russo*. Firenze, G. S. Sansoni Editore, 1964.

MAGARSHACK, David. *Stanislavsky*. Westport, Greenwood Press, Publishers, 1975.

MARSHALL, Herbert. *The Pictorial History of Russian Theatre*. Introd. Harold Clurman. New York, Crown Publishers, 1977.

MEYERHOLD, Vsevolod. *Écrits sur le Théâtre*. Trad., pref. e notas de Béatrice Picon-Vallin. La Cité – L'Age d'Homme. Lausanne, 1973, t. 1; 1975, t. 11; 1980, t. III.

NEMIROVITCH-Dantchenko, V. *My Life in the Russian Theatre*. Trad. John Cournos. New York, Theatre Art Books, 1968.

NOYES, George Rapall (ed.). *Masterpieces of the Russian Drama*. New York, Dover Publication, 1961, 2 vols.

REEVE, F. D. (ed.). *Twentieth Century Russian Plays*. New York, The Norton Library, 1973.

RIPELLINO, Angelo Maria. *Il Trucco e L'Anima*, Torino, Giulio Einaudi Editore, 1965. *O Truque e a Alma*. Trad. Roberta Barni. São Paulo, Perspectiva, 1996.

RUDNITZKY, Konstantin. *Meyerhold, the Director*. Trad. George Petrov. Ann. Arbor, Ardis, 1981.

SCHNAIDERMAN, Boris. "Posfácio" à nova edição brasileira da coletânea *Contos* de Tchekhov, texto datilografado, 1983.

SLONIM, Marc. *Russian Theater*. London, Metheun & Col. Ltd., 1963.

STANISLAVSKI, C. *A Preparação do Ator*. Trad. Pontes de Paula Lima. 3ª ed., Rio de Janeiro, Civilização Brasileira, 1976.

_____. *A Construção da Personagem*. Trad. Pontes de Paula Lima, 1ª ed., Rio de Janeiro, Civilização Brasileira, 1976.

_____. *A Criação de um Papel*. Trad. Pontes de Paula Lima. Rio de Janeiro, Civilização Brasileira, 1972.

_____. *La Formation de L'Acteur*. Paris, Payot, 1963.

STANISLAVSKI, Constantin. *Ma Vie dans l'Art*. Trad. de Nina Gourfinkel e Léon Chancerel.

STANISLAVSKY, Konstantin. *My Life in Art*. Trad. de G. Ivanov--Mumjiev. Moscou, Foreign Languages Publishing House, s.d.

TCHEKHOV, Anton. *O Jardim das Cerejeiras*. Trad. Millôr Fernandes. Porto Alegre, LPM, 1983.

Bibliografia Geral

D'AMICO, Silvio. *Storia de Teatro Drammatico*. Roma, Garzanti Editore, 1950, vol. IV (*Il Teatro Contemporaneo*).

ASLAN, Odette. *L'acteur au XXᵉᵐᵉ siècle*. Paris, Éditions Seghers, 1974. *O Ator no Século XX*. Trad. Rachel Araújo B. Fuser, Fausto Fuser e J. Guinsburg. São Paulo, Perspectiva, 1994.

BRUSTEIN, Robert. "Anton Chekhov". In: *The Theatre of Revolt*. Boston-Toronto, Atlantic Little Brown, 1964.

CARPEAUX, Otto Maria. *História da Literatura Ocidental*. 2ª ed. Rio de Janeiro, Alhambra, 1982, vol. VI.

DORT, Bernard. "A Grande Aventura do Ator segundo Stanislavski". Em: *O Teatro e sua Realidade*. Trad. Fernando Peixoto. São Paulo, Perspectiva, 1977.

DHOMME, Silvain. *La Mise en Scène d'Antoine a Brecht*. Paris, Fernand Nathan, 1959.

DRIVER, Tom F. *History of the Modern Theater*. New York, Delta Book, 1978.

Enciclopedia Dello Spettacollo. Dirigida por Silvio D'Amico. Roma, Casa Editrice le Maschere, 1954, 9 vols. + 1 (Atualização, Unione Editorale, Roma, 1966).

ESSLIN, Martin. "New Form in the Theatre", "Naturalism in Perspective", "Ibsen". Em: *Reflections*. New York, Doubleday & Company, 1971.

GASSNER, John. *Mestres do Teatro*. Trad. Alberto Guzik e J. Guinsburg. São Paulo, Perspectiva, 1980, t. II.

GILMAN, Richard. "Chekhov". Em: *The Making of Modern Drama*. New York, Farrar. Straus and Giroux, 1974.

GOURFINKEL, Nina. "Les Interprètations russes de Tchékhov". Em: *Réalisme et Poésie au Théatre*, Jean Jacquot (ed.). Paris, C.N.R.S., 1967.

KINDERMANN, Heinz. *Theatergeschichte Europas*. Salzburg, Otto Muller Verlag, 1970, t. IX.

KUSNET, Eugenio. *Ator e Método*. Rio de Janeiro, SNT-MEC, 1975.

LO GATTO, Ettore. *La Letteratura Russa Moderna*. Firenze--Milano, Sansoni/Accademia, 1968.

TOVSTOGONOV, Guéorgui. *Quarante ans de mise en scène*. Moscou, Les Editions du Progrés, 1976.

TRIOLET, Elsa. *L'Histoire d'Anton Tchekhov*. Paris, Les Éditeurs Français Réunis, 1968.

TRD/ *The Drama Review*. "Naturalism Revisited". New York, vol. 13, n. 2 (t. 42), Winter 1968.

WILES, Timothy. *The Theater Event*. Chicago, The University of Chicago Press, 1980.

ZAMORA, Juan Guerrero. *Historia del Teatro Contemporaneo*. Barcelona, Juan Flors, 1961, 4 vols.

TEATRO RUSSO NA PERSPECTIVA

Este livro foi impresso na cidade de São Paulo,
nas oficinas da Orgrafic Gráfica e Editora, em novembro de 2015,
para a Editora Perspectiva.